Les Babin

du Poitou à la

Baie–des–Chaleurs

Les Babin

du Poitou à la

Baie-des-Chaleurs

Page-couverture: Luc Babin

Photos:
– Village de Bonaventure: Michel Gascon
– Maison de l'Acadie: J.L. Guilbert

ISBN 2 = 9803446-0-5

_____

Dépôt légal, 2e trimestre 1993
Bibliothèque Nationale du Canada
Bibliothèque Nationale du Québec

Editeur et distributeur:

Les Éditions Lyrelou
11 Place Gounod
Laval (Qc)
H1E 1P1   (661-3223)

«Une génération passe,

puis une nouvelle génération vient:

seule la terre demeure à jamais.»

L'Ecclésiaste.

Table des matières

PREMIÈRE PARTIE

La généalogie descendante des Babin

DEUXIÈME PARTIE

Au fil de nos souvenances

10

SOUVENANCE

BERNADETTE BABIN-BUJOLD

Je fais mien le passé
à l'évocation de mes origines

je décèle l'espace de mon corps
à la racine du monde

je crée ma paroisse
de la souvenance de ma route

je possède ma langue
de l'acharnement de mon peuple

je désigne ma patrie
à figure de femme

je dépends de mon ascendance acadienne

et je m'imagine dans le futur
avec ce goût de l'humain.

«Mais lorsque la vie décline et que toutes
les passions turbulentes s'apaisent... Alors
voilà les jours riches, les plus calmes,
les plus heureux de tous.»

Whitman, Walter dit Walt, 1819–1892
(poète et journaliste américain)

PRÉFACE

C'est un bien grand livre que vient d'écrire Bernadette Babin Bujold, l'histoire de son ancêtre Antoine Babin jusqu'à celle de ses proches, ses complices de vie, ses frères et soeurs, neveux et nièces, enfants chéris ayant vu le jour le long des côtes de la Baie-des-Chaleurs, son histoire à elle, ses émotions, ses gestes quotidiens, son âme livrée sur un plateau de poésie et tellement de souvenirs.

En plongeant dans la petite histoire de cet ancêtre bien-aimé venu de La Chaussée et en imaginant un dialogue truffé d'anecdotes savoureuses avec sa nièce Nicole de Québec, Bernadette se révèle à nous avec toute l'authenticité de la Gaspésienne (de descendance acadienne) délivrée des entraves du passé. Elle venge ainsi ses pères qui ont porté à bout de bras une cause juste et noble. Depuis les affres du Grand Dérangement jusqu'à l'enracinement profond en Gaspésie, les images qui pourtant n'ont jamais été figées sur pellicule se sont bousculées dans les têtes et les coeurs de ceux et celles qui ont eu à vivre ces événements. Et ces images, Bernadette les a scrutées à la loupe avant de les décrire magistralement et de nous les livrer à nous, lecteurs heureux...

Oh! oui. Heureux serons-nous de parcourir ces pages de vérité et d'amour. Alexis à Alexandre à Joseph à Ambroise à Pierre à Charles à Antoine, l'ancêtre. Un arbre vivant déployant ses branches jusqu'à toucher les quatre points cardinaux, une généalogie ascendante directe venue des bruits modernes de la ville, glissant le long des eaux douces de la baie près de Bonaventure et de Maria, se tortillant jusqu'aux hurlements de douleur des déportés d'Acadie et sautillant de souvenance au coeur d'une France bucolique et des chansons tendres de Loudun.

Une demi-douzaine de volets structurés, fignolés et diablement bien écrits. Antoine vers 1654, en Acadie... Ambroise en errance puis à Bonaventure, Alexis-Joachim et ses descendants confortablement assis devant l'âtre à feuilleter l'album des photos de famille.

La mémoire vivante de son époque, un hommage à son père, Alexis-Joachim, les perles que sont les poèmes manuscrits de sa mère, Lydia-Bugeaud-Babin, le souvenir lyrique et si émouvant de sa soeur Laure morte à l'âge de 21 ans, la maison familiale à Maria, cette maison pleine de chaleur, berceau de tout ce que peut représenter l'enfance et son indescriptible magie.

Et ce voyage à travers «nos peurs et nos menteries», toutes nos peurs et toutes nos menteries. Celles que l'on veut toujours dire sans jamais trouver les mots, celles que l'on aime entendre raconter quand le vent d'hiver siffle aux fenêtres, celles qui font couler quelques larmes sur nos joues: les trésors cachés au grenier, les jasettes sur le perron de l'église, l'angoisse de ne jamais savoir lire, Torine la vache, une cheminée qui déboule, «au fil de ses souvenances». Et quelles souvenances! Riches de folklore et de légendes savoureuses piquées ici et là de mots du terroir et de bribes croustillantes, enluminées des dires des «farfouilleux et des conteux» de la côte, enrobées d'un miel de tendresse et de vérité, les souvenances de la vraie vie avec ses couleurs locales et gaspésiennes...

Oh! oui, que je vous dis. Heureux de parcourir des pages riches et colorées. Un style endiablé et vivant, celui de la digne descendante de l'ancêtre de Loudun, Bernadette, une pionnière qui a aussi roulé sa bosse le long des côtes de la Gaspésie et enseigné aux jeunes de partout, Val d'Espoir, Rivière à Martre, Newport... qui a uni sa destinée à celle d'un autre Gaspésien, Jean-Jacques Bujold, descendant lui aussi d'Acadien déporté.

16

«Bernadette! Tu as déjà ta descendance sur terre qui est aussi celle d'Antoine. Et tu la vois s'agiter tout près de toi, dans un monde ultra-moderne où manettes et cellulaires ont remplacé barattes à beurre et charrues. Qu'à cela ne tienne! C'est ça la vie, la vraie vie, celle d'une grand-mère qui se penche sur le berceau de son petit-fils pour lui chantonner des airs d'autrefois, celle d'un bambin qui tend son regard à celui d'un grand-père porteur de bonnes nouvelles, celle d'une mère qui se revoit le jour de Pâques avec son chapeau de paille à la main, celle d'un père partant pour la pêche au petit jour...»

Tant de souvenirs étalés dans les pages de ce volume unique, *Les Babin du Poitou à la Baie-des-Chaleurs*, en hommage à tous ceux qui sont fiers de leurs racines et qui n'ont pas honte d'essuyer une larme quand ils entendent parler de leur patrie gaspésienne.

Bravo, Bernadette! C'est comme ça que se tisse la sauvegarde d'un pays, en en chantant les louanges et les p'tits bonheurs d'une étoile à l'autre.

Bravo et merci.

Réal-Gabriel BUJOLD.

17

AVANT-PROPOS

Cette biographie de la grande famille des BABIN depuis que l'ancêtre ANTOINE BABIN a quitté son pays natal pour venir s'établir en Acadie, est réservée à l'usage privé de ma propre famille. Si, par hasard, elle pouvait servir d'introduction à l'histoire de certaines lignées acadiennes, je serais doublement récompensée des efforts que j'ai consacrés à cette recherche.

D'ascendance acadienne par mon père, Alexis-Joachim Babin et par ma mère, Lydia Bugeaud, je veux à travers mes écrits, donner à ma famille plus qu'un simple squelette généalogique. J'ai donc ressuscité mes ancêtres pour les faire revivre devant moi afin qu'ils viennent me parler avec leur accent que j'imagine savoureux.

Pour alléger les données de la généalogie des BABIN, j'ai divisé la documentation en deux parties dont la première comprend cinq volets. Dans le premier, nous suivrons Antoine (Anthoine) l'ancêtre. Il quitte sa famille de La Chaussé en France pour se joindre au groupe de jeunes que le seigneur Charles de Menou d'Aulney de Charnisay conduira, sous son égide, en Nouvelle-France pour en faire des colons.

Le deuxième volet est consacré à la fois à Anthoine Babin et à sa descendance. L'aïeul s'établit à Port-Royal en Acadie vers 1654 alors que, un siècle plus tard, ses arrières-petits-fils subiront ce que l'Histoire appellera la Dispersion des Acadiens en 1755. L'un d'entre eux, Ambroise Babin fils de Pierre à Charles à Antoine, refusera de se laisser déporter. Il s'enfuira à travers les bois avec des «jeunesses» de son village, pour aller rejoindre les Micmacs, «ennemis jurés des Anglais».

Le troisième volet nous renseigne sur Ambroise Babin, le fugitif. L'exilé atteint Ristigouche et vit quelque temps dans la réserve des Micmacs. Le missionnaire capucin bénit son mariage avec Anne Cyr, une réfugiée comme lui. Avec d'autres Acadiens, le couple ira s'établir sur la côte nord de la Baie-des-Chaleurs en Gaspésie, pour y fonder un village, Bonaventure, du nom d'un père capucin qui les accompagne.

A travers le quatrième volet, nous partagerons la vie de la famille Cyr-Babin, vie marquée par le courage et l'endurance. Ambroise et Anne défricheront un lot à Bonaventure-est du côté de la rivière du même nom. Ils mourront sur cette terre d'accueil et laisseront une nombreuse descendance.

Par le cinquième volet, nous touchons à l'époque contemporaine avec la lignée d'Alexis-Joachim Babin, notre père, descendant d'Alexis à Alexandre à Joseph à Ambroise qui s'était enfui de Grand-Pré en Acadie, lors du Grand Dérangement.

La deuxième partie comprend trois points différents: le premier raconte l'histoire de mes parents, le second est un aperçu des poèmes de notre mère Lydia alors que la troisième est fait d'anecdotes et faits divers ou souvenirs que nous appelons en Acadie des «souvenances».

Ce modeste ouvrage ne se veut pas une histoire authentique du peuple acadien, bien que plusieurs éléments le soient. Il a souvent été le fruit de l'imagination de l'auteure alimentée par ses lectures, par les bavardages de tout un chacun et les récits de ses parents. Puisse-t-il susciter chez les descendants d'Antoine Babin, l'ancêtre, la fierté de leurs origines acadiennes.

Bernadette Babin-Bujold

PREMIÈRE PARTIE

Premier volet

La petite histoire d'ANTOINE (ANTHOINE) BABIN, l'ancêtre

*   Présentation de notre ancêtre, Antoine (Anthoine) Babin, venu de La Chaussée, dans l'arrondissement de Loudun qui relève du département de la Vienne en France.

> Nicole Babin, ma filleule, maintenant dans la trentaine, est la fille benjamine de mon frère aîné, Claude, marié à Jeanne Boudreau de Carleton (Gaspésie). Nicole a voyagé durant de nombreuses années en Orient, le pays de SAM FARAH. Elle s'est fixée à Québec où elle tient une boutique orientale L'EXIL, sur la rue Saint-Jean.
>
> La curiosité de Nicole est légitime puisqu'elle répond au même désir que celui de mes enfants et petits-enfants, connaître leurs origines acadiennes. J'ai imaginé que ma nièce avait beaucoup de questions à me poser sur notre ancêtre, ANTOINE BABIN. Je vous livre dans un premier volet une conversation que nous aurions peut-être pu avoir, Nicole et moi, ou que peut-être nous aurions eu si le temps de notre entretien téléphonique s'était prolongé.

- Tante Bernadette, moi, j'aimerais tant ça connaître les origines de nos ancêtres! Pourriez-vous m'en parler?

- Avec grand plaisir, ma chère Nicole. C'est une vieille et bien longue histoire! Vas-tu avoir la patience de m'écouter jusqu'au bout?

- Oui, oui! tante Bernadette. Je suis tout oreille.

— Ce que j'ai à te raconter, je le tiens de mes parents qui nous entretenaient des ancêtres pendant les longues soirées d'hiver alors que nous, les enfants, les écoutions sagement, les deux pieds appuyés sur la bavette* du poêle. J'y mêlerai le peu de connaissances que nous transmettait l'école MODELE de mon village de Maria sur la Déportation des Acadiens. J'ajouterai également ce que je connais de l'Histoire des Acadiens par mes lectures et mes recherches de la généalogie au Musée acadien du Québec à Bonaventure. Enfin, je te dirai un mot de mes entretiens avec Monsieur Bona Arsenault[1], petit-cousin de grand-mère Babin. Te souviens-tu de lui, Nicole?

— Je n'ai jamais rencontré Monsieur Arsenault mais j'ai entendu parler de lui par mes parents et par grand-mère Babin. Mais, parlez-moi du premier Babin venu en Acadie.

— Il se nommait Antoine (Anthoine). Il est né à la Chaussée près de Loudun[2] dans le département de la Vienne en 1626, de parents dont les noms n'apparaissent pas aux registres officiels de l'époque. Il habitait chez ses parents cultivateurs. J'ai lu dans UN TOUR DE FRANCE CANADIEN:

> «...La Chaussée possède (...) la plus charmante et la
> plus naïve des églises toute de guingois avec son
> clocher lanterne (de pierres) usé par les intempé-
> ries.[3]

---

[1]Bona Arsenault, auteur, historien et généalogiste des événements du passé et des faits relatifs à l'évolution du peuple acadien.

[2]Loudun, La Chaussée. (Voir annexe I).

[3]Caroline MONTEL GLÉNISSON, Un tour de France, Montréal, La presse, 1980, p.161.

Eglise de la Chaussée (Vienne)
Dernier lieu de prière avant le départ de ceux qui partaient
pour un nouveau monde, sans espoir de retour
(Eglise annexée à la Maison l'Acadie)

J'ajouterai que cette église du XIIIe siècle fut le dernier lieu de prières avant le départ de ceux qui partaient pour un nouveau monde, sans espoir de retour. Elle est annexée à la Maison de l'Acadie, endroit de rencontre et Musée retraçant l'histoire acadienne en Loudonnais.

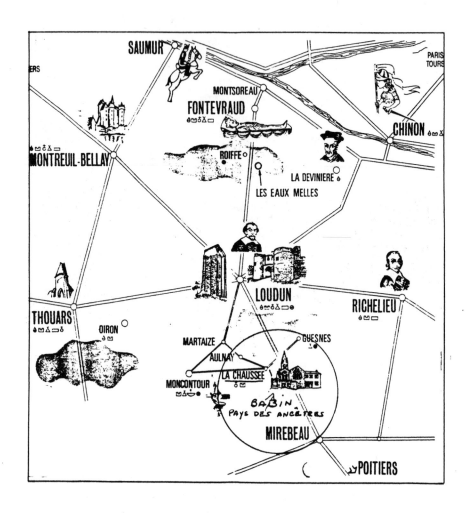

Carte de Loudun

24

– En passant, Nicole, je te dirai qu'oncle Delphis et tante Françoise ont visité La Chaussée en 1988. De ce retour aux sources, ils ont rapporté certains documents fort intéressants qui nous permettront de mieux connaître la petite histoire d'Antoine, l'ancêtre.

– Mais pourquoi Antoine Babin laisse-t-il son pays pour émigrer en Acadie?

– Oh! là, là... C'est toute une épopée, ma chère filleule. Celle que je vais raconter, je la tiens en partie de mon père qui, à son tour, la tenait des Anciens comme notre grand-père maternel, Simon Bugeaud, qui nous parlait parfois de la Déportation des Acadiens. A ce moment-là, ses yeux lançaient des éclairs. Il grinçait des dents lorsqu'il parlait des Anglais. Je me rappelle que Laure, ma soeur aînée, et moi nous chantions la chanson ÉVANGÉLINE tirée du célèbre poème de Longfellow écrit en 1847. Ce poète américain a évoqué la triste histoire des Acadiens et immortalisé la jeune héroïne acadienne, Évangéline, qui cherchait avec désespoir son Gabriel, lors du GRAND DÉRANGEMENT de 1755.

Pour répondre à ta question à propos de l'ancêtre, je dois remonter dans le temps. Vers 1630, notre trisaïeul, Antoine, était à peine âgé de quatre ans. Quarante ans plus tôt, la guerre faisait rage en Europe entre catholiques et protestants. Pendant que la persécution religieuse avait chassé de leurs terres nombre de paysans, d'autres abandonnaient leurs biens pour fuir les guerres civiles et successives qui éclataient entre la France et l'Angleterre. C'était la Guerre de Cent Ans. Tous ces faits historiques qu'on détestait apprendre dans l'Histoire générale, à la petite école. Qu'importe! Aujourd'hui, ces détails me sont précieux pour suivre l'ancêtre à la piste.

Eh oui! Nicole. En France, c'était la désolation! Les campagnes ravagées et pillées s'étaient vidées des occupants des châteaux fortifiés. S'y étaient réfugiés les pauvres paysans que la guerre avait épargnés, dont les Babin qui avaient dû laisser leur village pour sauver leur vie. Le roi Henri IV réussit à ramener la paix, et tous ces gens retournèrent dans leurs chaumières. Malheureusement, le roi fut assassiné et les troubles recommencèrent avec encore plus de fureur et avec toutes les misères que cela entraîne.

– Ah! non pas encore la guerre, dit Nicole toute désolée.

– Hélas oui! Successeur d'Henri IV, Louis XIII n'avait que neuf ans à la mort de son père. Les grands seigneurs refusèrent de lui obéir, sachant que c'était Marie de Médicis, sa mère, qui gouvernait en son nom. Les luttes recommencèrent de plus belle entre les seigneurs. Les campagnes furent à nouveau dévastées, les habitants tués, les terres saccagées comme au temps des guerres de religion.

Les parents d'Antoine Babin habitaient à quelques lieues du village de La Chaussée. Ils durent participer à plusieurs soulèvements des paysans que les privations et les mauvais traitements rendaient furieux; ils préféraient mourir sur place plutôt que de vivre dans une perpétuelle angoisse.

Ces habitants de La Chaussée n'avaient pas d'armes. Que des fourches et des bâtons! On ne va pas loin avec ces armes. Ils furent incapables de tenir tête aux soldats qui eurent vite fait de les ramener à la soumission en tuant, pillant, brûlant tout sur leur passage.

– Et la famille d'Antoine dans tout ce massacre?

– La famille de l'ancêtre échappa au carnage en se cachant dans un souterrain aménagé en refuge et qui ne fut jamais découvert par les soldats. Avec mille précautions, le père sortait parfois la nuit pour aller rejoindre ses compagnons de malheur. C'était en 1636.

26

Son fils, Antoine, était âgé de dix ans. Je te parlerai de lui plus tard.

Donc, une autre révolte se préparait. Beaucoup plus importante que les précédentes, elle ne réussit pas davantage. Les rebelles furent impitoyablement massacrés, mais la famille Babin fut épargnée une fois de plus.

– Et Antoine, lui, que devenait-il?

– Il vivait tant bien que mal avec la haine et la hantise au coeur. Pourquoi penses-tu? La terre abandonnée depuis trop longtemps était devenue infertile. Les brandes, plantes de sous-bois, tels que les bruyères, les ajoncs, les genêts et les fougères avaient envahi le sol arabe. Quand Antoine eut vingt-cinq ans, un choix s'offrait à lui: arrêter de s'esquinter contre les brandes ou partir à l'aventure vers un nouveau Monde que l'on disait peuplé de sauvages... dont les Anciens du coin s'entretenaient durant les longues soirées.

– Tante Bernadette, je serais curieuse de savoir ce qu'il avait l'air, ce jeune homme.

– Difficile de le décrire puisque ni vu ni connu! Pour moi, il devait ressembler à l'un de ses descendants, l'oncle Bonaventure, surnommé "Macure", fils d'Alexis dit "Craig" pour le distinguer des deux autres Alexis Babin qui résidaient dans la même paroisse. Bonaventure était le frère aîné d'Alexis-Joachim, mon père. Si Antoine ressemblait à l'oncle Bonaventure, il était un grand gaillard de plus de six pieds, aux cheveux frisés et longue barbe d'un blond clair, à la peau tannée par le travail en plein air. D'une voix sourde, il parlait lentement. Ses épaules carrées étaient celles d'un véritable athlète. Quand on le voyait torse nu, battant le blé à grands coups de fleau*, on voyait saillir ses muscles sous la peau bronzée.[1] Rien

---

[1] Détails fournis par Thérèse Cyr-Morris, petite-fille de Bonaventure Babin.

n'était venu à bout de sa forte constitution; ni le dur labeur, ni la famine, ni les épidémies de choléra pourtant si nombreuses à ces temps-là. Et quels beaux yeux bleus intelligents, une intelligence toujours en éveil.

Nicole, tu veux savoir pourquoi Antoine a dû s'exiler...? Avec le temps, les terres abandonnées de La Chaussée étaient devenues incultes même si autrefois elles avaient connu une certaine prospérité. Antoine s'esquintait au travail et sans grands résultats. Il entrevoyait l'avenir avec beaucoup d'appréhension. Comment fonder un foyer devant tant de ravages? Sa lutte acharnée contre une terre qui ne produisait pas le décourageait tout simplement. Il n'avait plus le coeur au travail. Pourquoi fallait-il mourir de faim? Pourquoi?... Antoine, loin d'être résigné, se révoltait contre des conditions de vie si inhumaines: être constamment devant le même dénuement. Ses parents, revenus à la liberté, vivaient dans une misérable chaumière où le vent glacé pénétrait de toutes parts. La faim qui les faisait défaillir leur tenaillait l'estomac. De plus, avec leurs maigres ressources, ils devaient payer les redevances au seigneur, à l'église et au roi! Les impôts, quoi!

– Qui a donné à Antoine l'idée de s'expatrier en Acadie?

– Un jour au village, il a entendu des amis parler d'un jeune seigneur, Charles de Menou d'Aulnay de Charnizay qui cherchait des paysans qui consentiraient à partir pour le Nouveau-Monde, y fonder une colonie en Acadie. Célibataire, Antoine n'avait rien à perdre. Même s'il était très attaché aux siens, il était prêt à tenter l'aventure. Avec une trentaine d'hommes et leurs familles du Haut Poitou et des villages du fief du seigneur d'Aulnay, le jeune Antoine débarqua en Acadie après de nombreuses mésaventures en mer.

– Comment se fit la traversée?

– Le voyage de France en Amérique était en effet, à cette époque, une terrible aventure! Deux interminables mois sur un voilier de combat. La traversée ne pouvait s'effectuer toute l'année durant même si la Baie Française, devenue aujourd'hui la Baie de Fundy, était libre de glaces; cependant, le printemps ou le début de l'été était une période favorable pour entreprendre une telle équipée.

On conçoit donc que ceux qui recrutaient des colons pour l'Acadie étaient soucieux de l'avenir de la Nouvelle-France et ils n'étaient pas tellement disposés à accueillir à l'embarquement de jeunes ménages dont les épouses étaient chargées de trop jeunes enfants ou pire, en état de grossesse avancée.

Voici, Nicole, ce que j'ai lu dans L'ACADIE DES ORIGI-NES, 1603-1771. Ces détails pourraient fort bien se rapporter au voyage que fit, en direction de l'Acadie, à peu près vers la même époque, d'Aulnay et ses protégés.

"Le vaisseau, le CHATEAUFORT, qui amène quelques nouveaux colons, est armé en guerre et chargé d'armes, de muni-tions et de provisions. Le vaisseau de 300 tonnes commandé par le capitaine Guilbeault, part de La Rochelle le 25 mars 1654 et arrive à Port-Royal vers la fin de mai."

J'ajouterai que le vaisseau porte à son bord un personnage très important et qui a laissé une longue lignée:

ANTOINE (ANTHOINE) BABIN, laboureur, notre ancêtre à tous.

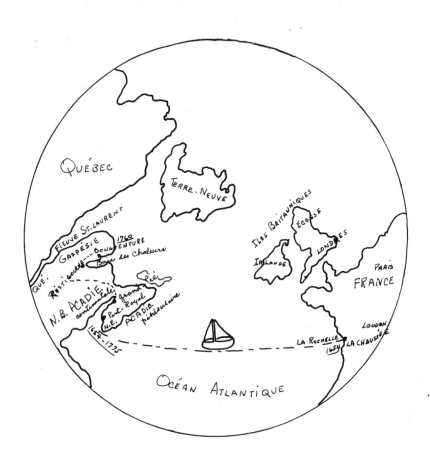

Un voyage, tout un voyage: La Rochelle d'où nos ancêtres étaient partis
voilà trois cents ans pour venir en Nouvelle–France à Port-Royal

Deuxième volet

**   Antoine Babin s'installe à Port-Royal en Acadie où il épousera Marie Mercier. Le couple aura neuf enfants dont Pierre et Vincent qui iront plus tard défricher des terres au Bassin des Mines. Pierre de qui nous descendons, s'établira à Grand-Pré[1] tandis que Vincent s'installera à Pisiguit (Windsor). En 1755, surviendra la Dispersion des Acadiens.

> Je suivrai la trace de l'ANCÊTRE à travers sa descendance qui subira la Déportation et qui se retrouvera en Gaspésie, un siècle plus tard, dans la personne d'Ambroise Babin issu de la 4e branche de l'ancêtre Antoine et venu tenter sa chance à Bonaventure, en 1760, pour donner naissance à la lignée des Babin en terre gaspésienne.

---

[1]Le nom de Grand-Pré évoque les immenses terres protégées par les digues que l'on voit partout dans la région. Vers la fin du XIIIe siècle, des colons venus de Port-Royal, qui avaient déjà avec succès un système de digues et d'aboiteaux, ont réussi à assécher les riches dépôts alluviaux du bassin des Mines. Par la suite, Grand-Pré est vite devenue la localité la plus étendue et la plus importante de l'Acadie.

In Guide de la route, édition 1989 CAA, p.65, Les provinces de l'Atlantique et le Québec.

Que sait-on de la vie de notre ancêtre?

Nous sommes en 1654. Antoine Babin vit dans ce Nouveau-Monde où d'immenses possibilités s'offrent à lui. Libre, affranchi de cette peur qui pesait sur lui depuis sa tendre enfance, il se met aussitôt à l'oeuvre pour se construire un gîte. Avec les outils qu'il a transportés avec lui, même s'ils sont rudimentaires, il défriche de grandes étendues de terre.

Des colons, des marins de St-Malo et d'autres paysans de l'ouest de la France viennent rejoindre Antoine et ses compagnons de fortune. Bientôt une véritable colonie française verra le jour de l'autre côté de la mer. Les armateurs se munissent d'armes et de provisions de bouche. Ceux-ci ne ménageront pas leurs peines. La prospérité viendra rapidement couronner leurs efforts.

> «Sans doute, les colons devaient-ils s'imposer les plus lourds sacrifices en quittant le sol de leur patrie française, pour traverser les mers et s'installer soit au Canada, soit en Acadie. Leur courage s'alimentait de la certitude d'obtenir, pour eux et pour leurs enfants, des terres de bonne étendue qui leur étaient inaccessibles en France, en raison des conditions sociales et économiques qui prévalaient à cette époque.»[1]

Déjà sept années qu'Antoine Babin vit en terre acadienne! Le sol qu'il a défriché est riche. Un port de mer construit sur la «Baie Française»[2] à Port-Royal, lui permet d'écouler ses récoltes vers la France. Il vit à l'aise. A qui laisserait-il tous ces biens? Fonder un foyer même si un jour du temps passé, il s'était juré de rester célibataire? Antoine est alors âgé de trente-cinq ans. Il pourrait avoir des enfants sans les jeter dans la misère noire vécue

---

[1] Bona Arsenault, L'ACADIE DES ANCÊTRES, Université Laval, 1955, p.9.

[2] La Baie de Fundy, aujourd'hui.

durant son enfance à la Chaussée. De plus une certaine Marie Mercier, à peine dans la fleur de ses dix−neuf printemps, rôde autour de ce «vieux garçon» qui est un parti intéressant. Comme dans les contes: «Ils se marièrent, vécurent heureux et eurent de nombreux enfants!»

Voici ce que j'ai lu dans LE GRAND ARRANGEMENT DES ACADIENS AU QUÉBEC:

«De l'avis de nos meilleurs généalogistes, Antoine Babin, né en 1626, se serait marié à 35 ans à Marie Mercier - en France? en Acadie? - juste à l'époque de leur venue au Port-Royal. Cette Marie Mercier était la fille de Françoise Gaudet (f.d. Jehan Gaudet) mariée en 2e noces à Daniel Le Blanc 1er de Martaizé. Quant à préciser si tout ce beau monde-là provenait de la seigneurie de d'Aulnay, je n'oserais certes point l'affirmer. Toutefois, l'opinion est pour le moins vraisemblable.»[1]

Dans HISTOIRE ET GÉNÉALOGIE DES ACADIENS de Bona Arsenault, je retrouve ce passage: BABIN

ANTOINE BABIN, né en 1626, venu de France avec sa femme, serait originaire de La Chaussée, département de la Vienne, marié, vers 1661, à Marie Mercier, issue d'un premier mariage de Françoise Gaudet, l'épouse de Daniel Le-Blanc. Enfants: Marie 1663; Charles, 1664; Vincent, 1665; Jeanne, 1667; Marguerite, 1670; Catherine, 1672; Anne, 1674; Antoine, 1676; Madeleine, 1678; Françoise, 1681; Jean, 1684.[2]

---

[1]Adrien Bergeron, s.s.s. Le Grand Arrangement des Acadiens au Québec 1625 à 1925, volume 1, p.143.

[2]Bona Arsenault, HISTOIRE ET GÉNÉALOGIE des Acadiens, PORT-ROYAL (2), Leméac, 1978, p.394.

Néanmoins, plus précieuse et plus précise encore est l'inscription de la famille des Babin faite à Port-Royal dans le Recensement où le Père Pain écrit: «*Anthoine Babin agé de quarante-cinq ans, laboureur, sa femme Marie Mercier agée de 26 ans.*»[1]

D'après ce Recensement de la fin de 1670 au début de 1671 des familles établies en Acadie,[2] voici l'extrait que mon frère, Delphis, a rapporté lors de son voyage à Loudun (France) en 1988:

«Laboureur - **Anthoine Babin** aagé de quarante-cinq ans, sa femme **Marie Mercier** aagée de 26 ans. Leurs enfans cinq, Marie aagée de neuf ans, Charles aagé de 7 ans, Vincent aagé de cinq ans, Jeanne 3 ans, Margueritte un an. Leurs terres en Labour 2 arpans. Leurs bestes a cornes six paires, huict paries de brebis tant petites que grandes.»[3]

Les registres de l'état civil de plusieurs endroits de l'Acadie sont disparus donc introuvables. Ont-ils été détruits ou emportés par les missionnaires qui desservaient ces postes? On ne sait pas où sont allés ces documents. Voilà pourquoi il est souvent impossible de retracer avec certitude l'origine des premiers Français en Acadie.

En France, l'état civil tel qu'il est connu de nos jours, a été institué sous la Révolution de l'An 1 de la République, c'est-à-dire fin 1792. Il a été remplacé par les registres paroissiaux d'où la dif-

---

[1]Adrien Bergeron, s.s.s., op.cit., p.143.

[2]Extrait de LE FEU DU MAUVAIS TEMPS de Claude Le Bouthillier p.176. «L'explorateur Verrazano avait baptisé ce pays du nom d'Acadie parce que la végétation luxuriante et la chaleur de l'été lui rappelaient une région paradisiaque de la Grèce antique qui portait ce nom.» (Voir annexe II).

[3]Nicole T. Bujold et Maurice Caillebeau - LES ORIGINES FRANÇAISE DES PREMIÈRES FAMILLES ACADIENNES - Le sud loudonnais 1979, p.11. (Voir annexe III).

ficulté de retracer l'origine des ancêtres dont Antoine Babin qui n'est pas nécessairement né de parents inconnus en France car d'après Adrien Bergeron, s.s.s. dans le grand arrangement on ignore le nom des parents de la première génération[1]. Aussi, je n'ai pas le choix, je m'en remets aux généalogistes sur ce point pour la véracité de la documentation. Je n'ai trouvé ni la date ni le lieu de sépulture d'Antoine Babin et de Marie Mercier. Par contre, je sais qu'ils vécurent plus de vingt-cinq ans ensemble puisqu'ils se sont mariés vers 1661 comme je l'ai déjà indiqué dans les pages précédentes.

> 1686 - Antoine Babin, 60 ans, marié à Marie Mercier, 40 ans. Enfants: Charles, 22 ans; Vincent, 21 ans; Antoine, 10 ans; Jean, 10 ans; et cinq filles: Marguerite, 16 ans; Catherine, 14 ans; Anne, 12 ans; Madeleine, 8 ans; et Françoise, 5 ans;[2]

Pour clore ce volet sur l'ancêtre Antoine Babin, j'orienterai mon travail sur sa descendance à partir de Charles, son fils aîné, père de Pierre Babin et grand-père d'Ambroise Babin.

Voici les descendants d'Antoine Babin et de Marie Mercier à Port-Royal:

La deuxième génération:[3]

> Charles Babin, né en 1664 à Port-Royal se marie vers 1686 à Magdeleine Richard fille de Michel et de Madeleine Blanchard de Port-Royal.

---

[1] A. Bergeron, s.s.s. LE GRAND ARRANGEMENT, Les Acadiens au Québec, éditions Élysée, 1981, p.147.(Voir Annexe IV).

[2] Bona Arsenault, L'ACADIE DES ANCÊTRES, 1955, P.71.

[3] Adrien Bergeron, s.s.s. Le Grand Arrangement des Acadiens au Québec, p.147.

Enfants:

Anne, 1688; Marguerite, 1690; René, 1692; Pierre, 1694; Claude, 1698; Jean, 1710; Joseph, 1702; Marie, 1708; Charles, 1708 (jumeaux)

Vers 1680, les familles des Acadiens devenues trop nombreuses à Port-Royal, commencent à y être à l'étroit. La coutume veut que le père transmette sa terre à l'aîné des garçons qui devra garder ses vieux parents et ses soeurs célibataires jusqu'à la fin de leurs jours. Mais comment séparer le patrimoine s'il y a plusieurs garçons? Les pères de famille ont de la difficulté à trouver des emplacements pour établir leurs fils, qui devront se déplacer ailleurs pour s'y établir et posséder leurs propres terres.

«Les fils d'une même famille, même mariés, demeuraient souvent sous le même toit que leur père et, en tout cas, sous son autorité lorsqu'ils se groupaient dans le voisinage immédiat de la maison paternelle.»[1]

Or, chez Antoine Babin, les deux plus âgés des garçons, Pierre et Vincent, décident d'aller se tailler un domaine au Bassin des Mines à une soixantaine de milles de Port-Royal. Avec un groupe de jeunes gens ayant à leur tête un dénommé Pierre Thériot, ils partent donc à la recherche de terres qui leur semblent plus riches qu'à Port-Royal. Ils n'auront qu'à s'en emparer et à les cultiver.

«A une soixantaine de milles de Port-Royal, soit à mi-chemin entre Port-Royal et Beaubassin sur la Baie Française, se trouve le Bassin des Mines. Ce nom lui vient de ce que les premiers explorateurs découvrirent dans cette région des dépôts consi-

---

[1]L'ACADIE DES ANCÊTRES, op.cit., p.146.

36

dérables d'un métal brillant n'ayant aucune valeur commerciale, mais qu'ils confondirent pour du cuivre.»[1]

Le Bassin des Mines est une immense baie dans laquelle viennent se jeter plusieurs rivières qui forment au sud-ouest «un véritable delta où s'accumulent depuis des siècles les riches alluvions limoneuses charriées par le courant de ces cours d'eau».[2] Le sol de cette région est d'une fertilité remarquable:

«C'est aussi sous Charles d'Aulnay que les sauniers et les éleveurs d'Aunis avaient introduit la technique d'assèchement des terres basses près de la mer par des digues et des canaux à clapets - les «aboîteaux» qui s'ouvrent à marée basse pour évacuer l'eau et se ferment à marée montante pour ne pas laisser entrer l'eau de mer. Cultivant ainsi d'anciens marécages au lieu de défricher les forêts, les paysans acadiens n'empiétaient guère sur les terrains de chasse et de cueillette des «sauvages», leurs partenaires de traite, avec lesquels ils entretenaient de bonnes relations.»[3]

«L'attirance des lieux est telle que, d'après un rapport de 1690, plus de quarante jeunes gens sont allés à Beaubassin et aux Mines (Grand-Pré), ce qui causait du chagrin aux pères et aux mères de se voir abandonnés de leurs enfants.»

[1]L'ACADIE DES ANCÊTRES, op.cit., p.146.

[2]Léopold Lanctôt, o.m.i., L'ACADIE DES ORIGINES, 1603-1771, Éditions du Fleuve, 1988, p.67-68.

[3]Jean W. Lapierre et Muriel Roy, Les Acadiens, Que sais-je? 1983, p.22.

Parmi ces jeunes gens déjà mariés, ils laissent leurs familles à Port-Royal. Plus tard, ils les amèneront au Bassin des Mines lorsqu'ils auront défriché quelques arpents de terre, bâti une maison, une grange et fabriqué des meubles assez rudimentaires mais essentiels pour la survie de la famille, allant de la table de cuisine au berceau du bébé. Ils utiliseront le bois de la forêt:

«Les habitations rustiques de colons étaient construites sur les bords des côteaux, à proximité de la mer mais non loin de la forêt. Les frères ou parents d'une même famille se groupaient ensemble afin de faciliter l'exécution de leurs travaux.»[1]

Nous sommes en 1685 et 1687. Au printemps, Charles ira chercher les siens pour les emmener à Grand-Pré. Sa femme, Madeleine Richard, apportera le trousseau, c'est-à-dire le linge de maison et la dot qu'elle a reçue de son père, Michel: un cheval, deux boeufs et deux vaches. Charles se remet au travail avec plus d'ardeur. Il sème du blé et des légumes qui donneront une récolte à l'automne. En face de la forêt, il dresse une croix, signe de sa foi profonde en Dieu.

En 1711, Charles et sa marmaille vivent dans la paroisse de St-Charles-des-Mines. Son épouse et lui ont onze enfants. Voici un entrefilet recueilli dans HISTOIRE ET GÉNÉALOGIE DES ACADIENS (3) de Bona Arsenault: DEUXIEME GÉNÉRATION

CHARLES BABIN, 1664, fils d'Antoine et de Marie Mercier, de Port-Royal, marié, vers 1686, à Madeleine Richard, fille de Michel et de Madeleine Blanchard, de Port-Royal. Enfants: Anne, 1688; Marguerite, 1690; Remé, 1692; Pierre, 1694; Claude, 1698; Jean, 1700; Joseph, 1702; Charles et Marie, 1708; Madeleine, 1710; Isabelle, 1711. Il était à Saint-Charles-des-Mines.[2]

---

[1]Bona Arsenault, L'ACADIE DES ANCÊTRES, p.146.

[2]Bona Arsenault, HISTOIRE ET GÉNÉALOGIE des Acadiens (3), Beaubassin, Grand-Pré, 1978, Leméac, p.1092.

Nombreux sont les fils de familles qui s'établiront dans le bassin des Mines de 1688 à 1714. Au recensement de 1714, nous retrouverons le nom de Charles Babin avec les premiers pionniers de cette colonie prospère. Nous indiquerons leurs noms par ordre de lieux:

«Grand-Pré

Charles Babin, René Blanchard, Alexandre Bourg, Mathieu Brasseau, Jean Douaron (Doiron), Jean Doucet, Abraham Dugas, Joseph Dugas, François Gauterot (Gautereau), Pierre Granger, Jacques Granger, Jacques Hébert, Guillaume Hébert, Michel Hébert, Jean LeBlanc, fils, André LeBlanc, Pierre LeBlanc, Antoine LeBlanc, Charles LeBlanc, Pierre LeBlanc, fils, René LeBlanc, fils, Jacques LeBlanc, Philippe Melanson, Pierre Melanson, fils, Paul Melanson, Pierre Richard, René Richard, Jean Richard, François Rimbaut, Germain Terriau, Jacques Terriau, Pierre Terriau, Claude Terriau, Jean Thibeaudeau et Pierre Vincent.»[1]

Par contre, Vincent Babin, frère de Charles, s'établira à la rivière Pisiquit (Windsor) comme l'indique le recensement de 1714:

«Rivière Pisiguit (Windsor)

Vincent Babin, Jean Babin, Nicolas Barillot, Pierre Benoist, Martin Benoist, Pierre Benoist, fils, Charles Boudrot, Jean Boudrot, René Boudrot, Denis Boudrot, François Bodart, Joseph Boutin, Pierre Brasseur, Antoine Breau, Charles Chauvert, Jean Commeaux, Martin Corperon, Charles Douaron, père, Charles Douaron, fils, Louis Douaron, Jean Douaron, Bernard Daigre (Daigle), Pierre de Forêt (Forest)', Michel de Forêt, Pierre Girouard, Veuve Gaudet (Isabelle Bourg), Jean Hébert, Pierre Landry, père, Pierre Landry, fils, Germain Landry, Abraham Landry, René Landry, Pierre LeJeune, père, Pierre LeJeune, fils, François LePrince (Prince), Antoine LePrince, Jean Martin, François Michel, Etienne Rivet, Jean Roy, Pierre Thibeaudeau, Pierre Toussaint, Alexandre Trahan, Jean Trahan, Guillaume Trahan, fils, Michel Vincent et Julien Voyer.»[2]

---

[1]Bona Arsenault, l'ACADIE DES ANCÊTRES, p.148.

[2]Bona Arsenault, l'ACADIE DES ANCÊTRES, p.149.

Dans le bassin des Mines, l'accroissement de la population sera particulièrement rapide. En 1686, on y compte onze familles; ce qui représente 57 personnes. en 1714, on trouve dans la région des Mines, soit vingt-huit ans plus tard, plus de 150 familles et près de 1000 habitants. «En 1755, près de quatre cents familles habitaient la région de la Grand-Pré.»[1]

«Dès 1701, soit vingt ans après sa fondation, la région des Mines égalait déjà celle de Port-Royal, en nombre de bestiaux et en terres en culture.»

Troisième génération: Pierre Babin

PIERRE BABIN, 1694, fils de Charles et de Madeleine Richard, marié, vers 1714, à Madeleine Bourg, fille d'Alexandre dit Belle-humeur et de Marguerite Melanson. Enfants: Pierre, 1717; Jean-Baptiste, 1719, Madeleine, 1720; Pierre, vers 1723; Marie, vers 1725; Marguerite, 1729; Ambroise, 1731; Joseph, 1734; Anne-Marie, 1746. Il était à Saint-Charles-des-Mines.[2]

Quatrième génération: Ambroise Babin, né à Grand-Pré, en 1731; décédé à Bonaventure en 1797. (66 ans)

AMBROISE BABIN, 1731, fils de Pierre et de Madeleine Bourg, marié, vers 1760, à Anne Cyr, fille de Jean et d'Anne Bourgeois, de Beaubassin. Enfants: Marie-Lutine, vers 1761; Marie, vers 1762; Thomas, vers 1763; Joseph, vers 1764; Amand, vers 1766; Pierre, vers 1768; Angélique, vers 1769; Rose, 1773; Euphrosine, 1776. Il était à Ristigouche en 1759; il s'est établi à Bonaventure, à la Baie des Chaleurs.[3]

---

[1]Claude Le Bouthillier, LE FEU DU MAUVAIS TEMPS, op.cit., p.131.

[2]Bona Arsenault, HISTOIRE ET GÉNÉALOGIE des Acadiens (3), Beaubassin, Grand-Pré, 1978, p.1092.

[3]Op.cit. p.1094.

C'est Ambroise qui assumera la survie des Babin en Gaspésie. Il est âgé de vingt-quatre ans au moment de la dispersion des
Acadiens en 1755. Il a vraisemblablement épousé Anne Cyr à Ristigouche ou au cours de son trajet entre Beaubassin et Ristigouche
avec les autres réfugiés acadiens. En 1760, il s'établira à Bonaventure puisque son nom apparaît sur la requête de 1789 avec celui de
son fils Thomas. Ce document attestait que dès 1762, Ambroise
occupait un lot à Bonaventure-est.

***

LES JOURS HEUREUX A GRAND PRÉ

Les colons établis au Bassin des Mines vivent des jours heureux sur leurs terres prospères. C'est ce que raconte H. W. Longfellow[1] (1807-1882), poète, dans ce conte d'Acadie, ÉVANGELINE, immortel poème, d'après la libre traduction de Pamphile Le May, écrivain canadien d'expression française, né à Lotbinière: (1837-1918)

> «Dans un vallon riant où mouraient tous les bruits,
> Où les arbres ployaient sous le poids de leurs fruits,
> Groupent comme au hasard ses coquettes chaumières,
> On voyait autrefois, près du Bassin des Mines,
> Un tranquille hameau fièrement encadré,
> C'était, sous un beau ciel, le hameau de Grand-Pré.»[2]

Pierre Babin, fils de Charles et petit-fils d'Antoine, tout comme les descendants des pionniers de la troisième ou de la quatrième génération en terre acadienne, sont devenus de véritables Acadiens. Entre 1686 à 1714, ils forment déjà un jeune peuple où sont maintenues avec une grande fierté la langue, la religion et les habitudes apportées jadis du pays de la douce France. Ils n'ont guère de ressemblance avec les habitants de la Nouvelle-France ou ceux du reste du Canada. «Unis par la tradition et les usages que la force des choses leur avait imposés en commun»,[3] ils s'enracineront ainsi ces grandes vertus d'hospitalité, de déférence respectueuse pour les parents et d'intense vénération pour les ancêtres qui se manifestent encore de nos jours chez les descendants d'Acadiens.

---

[1] Henry Longfellow est né à Portland, en 1807 et mourut à Cambridge, près de Boston en 1882. Il publia son immortel poème ÉVANGÉLINE, en 1847.

[2] Poème d'Évangéline, traduction libre de Pamphile Le May, p.40.

[3] Bona Arsenault, l'ACADIE DES ANCÊTRES, p.18.

En Acadie, la fécondité des berceaux est la grande richesse des paroisses naissantes. Des familles de dix, quinze et même vingt enfants n'étonnent personne. De nos jours, on oserait dire que c'est du vice! La longévité y est bien au−dessus de la moyenne. Les vieillards de quatre−vingts ans et plus sont nombreux. Ils peuvent parfois compter une centaine de descendants parmi leurs enfants, petits−enfants et arrière‑petits−enfants. Aujourd'hui, les Acadiens ont encore la réputation de vivre à un âge avancé. Par leur esprit de solidarité, les familles sont fortes du point de vue physique et moral.

Forts d'une conviction profonde, les anciens Acadiens sont intensément ancrés dans leur foi chrétienne:

> «En l'absence de missionnaires, une messe blanche se célébrait tous les dimanches. Cette pieuse coutume consacrée dans les colonies neuves a persisté chez les Acadiens, même après leur dispersion, lorsqu'un prêtre ne pouvait les atteindre. Tout le monde s'assemblait, soit dans une modeste chapelle, soit dans le lieu affecté à la tenue des offices. Le plus âgé du groupe, ordinairement un brave vieillard aux cheveux blancs, récitait les prières de la messe. Il entonnait les chants liturgiques auxquels répondait le chœur des assistants.»[1]

Nos ancêtres seront toujours attachés à leurs curés qui les conseillent, quelques fois les soignent et, souvent servent de maîtres d'école à leurs enfants. Tous ces gens sont heureux et leurs descendants, même s'ils ne sont pas riches, sont satisfaits de leur qualité de vie. Ils jouissent d'une certaine aisance. Le lendemain n'est pas un souci pour eux; leur confiance est dans la Providence divine.

---

[1]Bona Arsenault, l'Acadie des Ancêtres, Université Laval, Québec, 1955, pp.152-153.

«Plus je considère ce peuple, écrit en 1708
Subercase, le dernier des gouverneurs français
d'Acadie, plus je pense que ce sont les gens
les plus heureux du monde.»[1]

Qui a déjà dit que les Acadiens étaient «un Peuple sans Histoire»? Peu leur importe, semble-t-il, puisque pour eux la vie s'écoule paisiblement dans la vallée de l'Acadie. Ils vivent au rythme des saisons. Les hommes ne sont pas toujours occupés à la culture. Les hivers sont rudes: la terre est gelée de septembre à avril. C'est la mauvaise saison. Les hommes en profitent pour se faire chasseurs, pêcheurs, coureurs de bois ou bûcherons. Dans les immenses forêts, ils abattent les arbres pour en faire du bois de chauffage ou du bois de construction.

Dès qu'arrive le printemps, les colons se remettent aux labours et à l'ensemencement des terres. Ils s'entraident en donnant des corvées à ceux qui sont dans le besoin: labours, construction de bâtiments et travaux spéciaux car artisans, ils sont de tous les métiers: charpentiers, menuisiers, sabotiers, forgerons, etc.

Quant aux femmes, tout en s'occupant de leurs nombreux enfants, elles cousent, tricotent, filent la laine ou le lin pour le tissage car tout se fait à la maison. Les sages-femmes font les accouchements à domicile. Les femmes se visitent beaucoup entre elles dans l'après-midi, pour entretenir l'amitié. Elles en profitent pour s'échanger des recettes culinaires ou des patrons pour la confection des vêtements. La p'tite bière, bière d'épinette, recette venant des Micmacs est à la mode du jour. Les enfants, au milieu de la famille, vivent sans contrainte et apportent une aide précieuse aux parents, selon leur âge et leurs capacités.

***

---

[1]Bona Arsenault, L'Acadie des Ancêtres, p.152.

Une grave question, ici, se pose: Pourquoi les Acadiens sont-ils, du jour au lendemain, délogés, dispersés au bout du monde, eux qui sont des gens si stables?

Pour répondre à cette interrogation, encore une fois, je me suis tournée vers les généalogistes. En 1728, les territoires français d'Amérique du Nord sont immenses. Outre l'Acadie et le Canada, les Français sont répandus sur toute la vallée du Mississipi, appelée Louisiane. Ils ne sont pas les seuls à convoiter ces terres si riches. Les Anglais, qui font du troc avec les Français, occupent depuis longtemps tout le pays en bordure de l'Océan Atlantique. Eux aussi cherchent à s'agrandir. Ils constatent l'importance que prend l'établissement français. Pour se protéger, ils s'emparent de tous les forts en bordure de la Louisiane. Voyant leurs succès et toujours sans déclaration de guerre, ils coulent les bateaux français qui transportent du ravitaillement et poussent l'audace jusqu'à la prise de l'Acadie.

Au début, chez les Acadiens, rien n'est changé aux habitudes. Les Anglais les laissent tranquilles. Ils sont libres de s'organiser comme auparavant. Ils élisent leurs députés[1] qui les représentent auprès des autorités anglaises établies à Port-Royal, la capitale de l'Acadie que les Anglais rebaptiseront du nom de leur reine, Anne Stuard: Annapolis.

Les Acadiens, des Français neutres, restent très attachés à leur indépendance qu'ils sont bien décidés à garder coûte que coûte! Cependant, leurs députés acceptent les conditions imposées par les Anglais: ils devront payer une légère redevance, une petite dîme de 1/27ième de la récolte au gouverneur d'Annapolis plus un boisseau de froment et une couple de chapons par foyer. Comme la récolte est abondante, ils n'ont aucun mal à s'acquitter de cette charge.

---

[1]Nommés par les Acadiens pour les représenter auprès des Anglais pour des questions d'importance, comme le serment d'allégeance...

Hélas! plus le diable en a, plus il en veut! Ce genre de petite vie tranquille ne devait pas durer longtemps. Les Anglais redoutent les Acadiens qui ne parlent pas leur langue et qui sont catholiques. Ils constituent sûrement un danger immédiat et soutenu pour les envahisseurs. Ils sont inquiets et un ferment de révolte est au coeur de la colonie anglaise. Les Anglais protestants décident que les Acadiens catholiques doivent renoncer à leur langue et à leur religion. Le peuple acadien habitué à se tenir debout, ne veut pas céder à leurs pressions: ils veulent rester français et catholiques. Leurs députés acadiens partis à Annapolis ne peuvent accepter les conditions qui leur sont faites car ils deviendraient tous sujets britanniques. Comme il ne peut vaincre leur résistance, le gouverneur Lawrence les fait donc emprisonner.

C'est à partir de ce fait que les malheurs s'abattent sur les Acadiens. Devant ce refus à l'obéissance, les Anglais rendus furieux par tant de ténacité, incendient leurs récoltes et leurs maisons, capturent leurs bêtes. Hélas! les beaux jours sont finis! Tout est à recommencer comme il y a deux siècles passés quand les ancêtres avaient dû quitter la France devant la menace anglaise et venir se réfugier outre-mer en Acadie. Triste souvenir que leur rappelle cette épopée![1]

Pour les Acadiens, toutes ces tracasseries restent inutiles. Ils ne renonceront ni à leur langue ni à leur religion ni surtout, à se ranger en cas de guerre, sous la bannière anglaise. Alors pour écraser leur rébellion, les Anglais les forcent à quitter leurs fermes et les parquent dans une îles avoisinante d'Annapolis où ils leur donnent tout juste de quoi se nourrir pour ne pas mourir de faim. Ils pensent bien qu'à l'usure ils parviendront à faire capituler ces Acadiens entêtés. Ils se trompent.

---

[1] Évangeline p.58, Ainsi paraît..., p.59, Nous ne reverrons plus...

Rendus furieux, tôt un bon matin, les Anglais les réveillent et les font aligner devant un canon braqué sur eux. Debout dans la petit matin, les captifs avec leurs femmes et leurs enfants, grelottent de froid. Bien qu'affamés, ils sont bien déterminés de ne jamais lâcher leur prise de position devant l'ennemi.

> «Si vous ne promettez pas de devenir de bons protestants, d'apprendre à parler notre langue et de jurer fidélité à la reine Anne, nous tirons...»

Un silence mortel accueille cette proposition britannique. Même s'ils sont atterrés, ces Acadiens, personne ne bouge. Devant un tel échec, les Anglais abaissent le fût du canon et sortent leurs baïonnettes. Ils partent mais ne peuvent s'avouer vaincus.

Pierre Babin, fils de Charles, petit-fils d'Antoine, n'a pas été délogé. Cependant devant le danger imminent, Ambroise son fils aîné avec d'autres jeunes de son âge, se sauve dans les bois sur les conseils de son père. Avec son groupe, le jeune homme ira rejoindre les Indiens, coureurs de bois, qui cacheront les fugitifs, les nourriront tout en les mettant hors de la portée des Anglais qui les poursuivront sans relâche et qui jamais ne les découvriront.

***

Un matin, les officiers du gouverneur Lawrence envahissent brusquement le village de Grand-Pré. Ils rassemblent tous les hommes dans la petite église: question d'une communication urgente. A ce moment, les Britanniques menacent l'assemblée et braquent leurs fusils sur eux. Personne ne revendique! On n'a pas le choix. Un vrai coup de Jarnac!

Avec les enfants, les femmes groupées devant l'église prient à genoux en poussant de grandes lamentations. Les hommes les entendent. Ils ont peur pour elles. Ils sont impuissants; ils ne peuvent bouger sous peine d'être abattus. Les Anglais ont enfin le dessus sur eux. Les poussant hors de l'église avec le bout de leurs fusils, ils les embarqueront de force et au hasard sur de vieux vaisseaux. Poussant l'effronterie, des bras de leurs parents, ils enlèvent les enfants. Malgré leurs cris, ils poussent les femmes sur un bateau, le mari sur l'autre et les enfants... Scènes déchirantes! Scènes indescriptibles!

«...
Le jour baisse, et Grand-Pré si riant agonise!
Pendant que le départ en hâte s'organise
....
Un affreux désespoir du village s'empare
Alors que des Anglais la conduite barbare
Est connue. Et l'on voit tremblants, épouvantés,
Les femmes, les enfants, courir de tous les côtés.»[1]

---

[1]Longfellow, Évangéline, p.45.

Disperser les Acadiens est le seul moyen de les empêcher de se reformer en groupes serrés dès qu'ils en entreverraient l'occasion , «offrant ainsi à la corrosion une résistance remarquable due au sentiment d'innocence collective et à la structure familiale.»[1]

Une famille acadienne du temps qu'Ambroise Babin vivait en Acadie
(Collection privée)

[1]Michel Roy, L'ACADIE DES ORIGINES A NOS JOURS, Québec/Amérique, 1989, p.144.

Troisième volet

***   Pour ne pas subir la Dispersion, Ambroise Babin s'enfuira à travers les bois avec une vingtaine de jeunes de Grand-Pré. Ils iront rejoindre les Indiens, ennemis des Anglais. Durant son périple, Ambroise fait la rencontre d'Anne Cyr qui deviendra son épouse. Avec des compagnons de fortune, le jeune couple Babin ira s'établir à Bonaventure, sur la côte-nord de la Baie-des-Chaleurs.

Dans ce troisième volet, nous retrouverons Ambroise Babin, le déserteur, le réfugié, l'ami des Micmacs. Il est le fils de Pierre, à Charles, à Antoine, l'ancêtre venu de La Chaussée (France) et arrivé en Acadie en 1654, sous le règne de Louis XIV.

Ambroise se racontera à travers sa fuite dans les bois au moment du GRAND DÉRANGEMENT de 1755. C'est le terrible EXIL qui aboutira à Bonaventure en Gaspésie où il s'établira définitivement vers 1760 avec son épouse, Anne Cyr.

«Au temps de l'événement, en plein coeur de la tourmente, les Anglais vouliont nous chasser de chus nous, j'allais sus mes vingt-quatre ans. A propos des conseils de noutre pére, j'm'avions sauvé à travers champs et bois avec itou une gang de jeunesses de mon âge. J'nous voulions r'joindre les Micmacs.»

«Dans l'échafourrée, mort ou vif, l'djâble était à fuir. Les sarpents d'Anglais vouliont nous pogner pour faire la guerre avec z'eux contre noute mére-patrie, la France. Asteur, ça t-i du bon sens? Toujours, qu'i'avions point réussi à nous aveindre. Apparence que j'nous courrions plusse vite que z'eux. Et pis, j'ne suis point des ostineux devant l'ennemi. Pas plusse que mon pére Pierre, pis mon grand-pére Charles et encore moins que mon aïeul, Antoine, lui qui s'en sont venu de La Chaussée pour éviter d'être massacrés par l'advarsité. Durant ben des jours, à travers les bois en longeant les buissons, j'nous marchions jusqu'à l'épuisement pour nous jeter contre les âbres ousque j'nous campions en nuit noêre quand v'nait la brunante.»

Quel dur moment à vivre! Il dut s'exiler, cet Ambroise, lui, qui avait connu la prospérité et l'indépendance sur sa terre dans la paroisse de St-Charles-des-Mines, en Acadie, sorti vivant des flammes et des affres du Grand Dérangement, il dut s'expatrier. Il laissait derrière lui ses parents, ses frères et soeurs et tout le village. Partir avec un baluchon pour tout bagage, et s'en aller à l'aventure sans espoir de retour, telle était la situation qu'il vivait, lui, fils de Pierre à Charles à Antoine, l'ancêtre.

Même si l'Acadie, surprise en plein sommeil, avait maintes fois changé de main au cours des années précédentes, elle était restée en dehors des batailles que la France livrait à l'Angleterre pour garder ses possessions outre-mer en Amérique. Sans cesse, la carte de l'Acadie changeait. Cependant, Grand-Pré restait toujours la Grand-Prée jusqu'à un certain jour fatidique du mois de septembre 1755 où le pays fut mis à feu et à sang par des Anglais sans foi ni loi. Du jour au lendemain, Ambroise Babin se retrouva sans feu ni lieu.

«Avec mes compagnons, j'nous accoutumerions des voyagements. Nos aïeux avivent connu pire que çà dans les temps passés et i's'en étivent sortis. Pas de geint ni de rechigange! J'nous quitterons point crever parce que les Anglais avivent scindé nos familles sans discernement. J'nous étions pas des brailleux. I'fallivent point plyer devant l'advarsité.»

«Quand j'nous arrêtions durant le voyagement, j'nous étions crèchés aux embouchures des rivières. J'nous étions fabriqué des canots avec l'écorce des âbres. C'esty-fait que ces embarcations étiont ben commodes pour aller pêcher noute poisson. I'aviont itou le gibier dans les bois. Tout çà étiont noute mangeaille iousqu'à temps que je nous trouvions des harbages vartes que j'nous mangions ou que j'nous faisions bouillir comme borvage pour un boute de temps et toujours sans rien pour l'adoucir. Des plans pour s'engotter! Bonne Sainte-Bénite!»

«En plusse, en peu de temps ou au moindre pet de danger, je nous pouvions sauter à bord de nout canots qu'i'étiont à la portée de la main et je nous transportions en sûreté dans le haut de la rivière pour aller se caler dans des caches camoufflées par des grot âbres. Là, rien pour s'abrier. I'falliont à tout prix décamper avant que l'hiver arrive. Pas d'accroires! I'falliont r'joindre les Micmacs avnt que le gros frette vienne. Aïe! çà s'adoune que c'étiont dur! Pas trop de feu parce que la boucane s'en alliont dans l'air du temps et c'étiont une chance pour les Anglais de nous r'trouver. Les bêtes sauvages rodiont aux alentours de nous autres. Quelle misère! Et pis, faire ses besoins ben vite, face au soleil, sous le nez du prochain, et fesses au monde, bon Djeu, quelle pitié! I'falliont se r'dorser et arrêter de se désâmer. J'nous étions encore en vie. L'ânnée qui vient s'ra mieux!»

Enfin après des jours et des jours de marche pénible, les réfugiés acadiens réussisent à rejoindre les Micmacs qui les prennent sous leur protection. Ces «sauvages» détestent les Anglais et ne veulent aucun accommodement avec eux. Ils sont toujours prêts à les scalper parce qu'ils se souviennent des cruautés que ceux-ci ont déjà exercées sur eux. Ils ne sont guère disposés à l'oublier.

Durant plusieurs années, les Acadiens vivront avec les Micmacs tout en se déplaçant avec eux pour leur subsistance. De temps en temps sur leur parcours, ils rejoindront des familles acadiennes de Grand-Pré qui, elles aussi, ont réussi à s'échapper de l'enfer. Ils s'enfuiront à travers les bois pour éviter les Anglais qui ne cesseront pas de les poursuivre. Ces nouveaux arrivants se mêleront au groupe. Ils pensent qu'en suivant les Indiens à travers les bois, ils se rapprocheront assez du Canada pour s'y fixer. Comme il a été mentionné auparavant, en ce temps-là l'Acadie était considérée comme un pays indépendant en Amérique du Nord et ce, toujours en dehors du Canada.

Les Sauvages ne s'éloignent pas des côtes car eux, ils ne craignent pas les Anglais. Cependant, cette vie devient vite incommode et intenable parce que la moitié des hommes réfugiés doivent faire le guet autour des tentes tandis que les autres chefs de famille iront chasser pour avoir de quoi se nourrir. Les Micmacs fatigués de leur présence, cherchent à jouer des tours à leurs femmes, les Blanches. A la longue, ennuyées les uns des autres, les familles acadiennes décident de quitter leurs hôtes et de s'enfoncer dans les bois pour s'y loger temporairement afin d'échapper aux Anglais. La troupe se compose d'une dizaine de familles qui comptent de braves jeunes filles à marier, des garçonnets ainsi que des enfants en bas âge. Parmi ces derniers, plusieurs mourront de malnutrition durant ce voyage qui semble ne mener nulle part. Ambroise Babin et ses compères se joindront au groupe pour le meilleur et pour le pire.

«J'nous nourrissions avec tout ce que j'nous pouvions attraper dans nout collets que j'nous tendions, des lièvres, des castors et des perdrix. Pas d'armes ni fusils, yinque des haches pis des couteaux de cuisine et queques chaudrons chârriés dans le coffre de l'ancêtre par les familles âcadiennes.»

Aussi dès qu'arriva le mois d'octobre, les exilés en marche n'avaient pas encore aperçu le fleuve. Ils craignent le pire: être obligés de passer l'hiver dans le bois. Quelques jours avant la Toussaint, le groupe réussit à rejoindre les bords de la baie des

Chaleurs. Il prend le risque d'hiverner à la rivière à l'Anguille, aux alentours de Dalhousie. Ces gens sans terre seront obligés de se camoufler comme des repris de justice car leur tête est mise à prix. Leurs noms sont affichés dans toutes les villes et tous les bourgs de l'Acadie à la Caroline. Durant des mois et des années à venir, la chasse à l'Acadien se fait et se fera également le long du fleuve Saint-Laurent et de la baie des Chaleurs.

«Nous autres, les jeunesses, avec nout penaillange, aviont décidé de quitter les familles acadiennes et de monter jusqu'au village des Indiens micmacs à Ristigouche, à l'embouchure de la rivière du même nom. I'aviont ben voulu nous hébarger et nous protéger des Anglais qu'étiont peuroux de leu scaple à z'eux.»

C'est avec le coeur à l'envers et à reculons qu'Ambroise Babin se résigne à suivre ses amis, «les jeunesses». Des liens s'étaient tissés entre lui et l'une des jeunes filles des familles acadiennes en exil. Fille de Jean et de Anne Bourgeois, Anne Cyr est aimable et enjouée. Avec cette voix qui vous chavire le coeur et, bien campée dans ses vingt ans, elle plaît à Ambroise de la Grand-Prée qui lui aussi avait dû quitter à la hâte la terre de ses aïeux, un certain matin de septembre. Il l'observe et la voit partout avec ses boucles brunes qui débordent de son bonnet à frisons, la manche de sa blouse qui s'amplifie sur l'épaule et sa jupe de lin évasée qui remue au vent comme une clochette autour de sa taille fine. Cette Anne, toujours avec le rire dans les yeux, «est un beau morceau de butin», une vraie promesse en devenir.

Persuadé de n'être qu'un propre à rien, Ambroise, ce misérable garçon, mal accoutré, gauche dans ses manières et sans attrait, n'ose lever les yeux sur cette beauté naturelle, Anne Cyr. Il se permet quand même de la «zyeuter» à la dérobée tout en admirant sa silhouette élancée, ses seins ronds comme deux fruits mûrs et son pied agile.

Un soir qu'il la contemplait à la lueur de la chandelle fixée au coin du coffre de l'ancêtre, leurs regards se croisèrent. Ambroise vit qu'Anne lui souriait avec beaucoup de tendresse. Pas le moins du monde, elle n'était insensible au désir de l'homme, celui de la posséder un jour. Quelqu'un et pas n'importe qui... s'intéressait à lui! Il plaisait à Anne. Que demander de plus? Peu à peu, Ambroise réussit à vaincre sa gêne et à lui avouer son amour. Un baiser pris à la sauvette, voilà tout ce qu'Ambroise emportera avec lui comme souvenir de sa bien-aimée. Se reverront-ils en ce bas monde? Le jeune réfugié souhaite de tout son être que les familles acadiennes les rejoignent à Ristigouche, le printemps suivant.

***

Long fut l'hiver de 1755 pour Ambroise Babin, jeune expatrié acadien rendu chez les Peaux-rouges à La Petite Rochelle. Loin de celle qu'il aime, il se morfond et se languit d'ennui. Ambroise se demande que devient sa belle Anne. Et de quel bois se chauffent ces familles émigrées laissées là-bas, à la rivière à l'Anguille? Tout à ses pensées quand la noirceur «r'soud», lui, Ambroise à Pierre, à Charles, à Antoine l'aïeul, rêvasse de ses errances et de ses errements.

– Doux Jésus! que la vie est longue. C'est-i'vrai que j'devrai la laisser couler jusqu'au printemps prochain.

– Quitte faire! lui répond Joseph Arsenault, son fidèle compagnon des «jeunesses» exilées. Arrête de jongler, Ambroise. Des fois, t'es pas comprenable, toi qu'étions si courageux. Ma foi du bon Yeu, j'cré qu'tu vas r'virer fou si tu continues à brailler de même, grand désâmé! Mets-toi ça dans la caboche. Pis, c'est point vrai Seigneur Dieu! que tu vas continuer à chiâler toute l'hiver après Anne Cyr. Faudra bétôt t'faire une raison, grand flanc mou!

Après s'être bousculés l'un l'autre, Ambroise pour finir la discussion, répète encore une fois à son confident des bons comme des mauvais jours:

«Si jamais j'me marierons, Joseph, ce s'ra avec une fille de par chus–nouz. Apparance que par chus–nouz, c'est à se demander si j'pourrions i'r'tourner un jour. Comme toi Joseph, j'avions pourtant, à nout âge, besoin de faire nout vie avec eune femme et des enfants, j'savions qui a pus moyen de r'venir en arriére. Des Acadiens de la Nova Scotia, y'en restent–i'core? En Acadie, cé sus les Anglais plus que jamais. Ah! les mécréants! I'ont pris nos terres et parsécuté nos péres pour après, nous autres, nous disparser aux quatre coins d'eune terre étrangère. I'ont fait de nous autres, des coureux de bois. Qui allent don çu l'djâble, les Anglais!»

Au printemps de 1756, arrivèrent à Ristigouche, la famille d'Anne Cyr et les autres Acadiens qui les accompagnaient. Ils vont se mêler au sept ou huit cents réfugiés qui sont sur place. La plupart de ces fugitifs sont des pêcheurs venus demander asile aux Micmacs. Ils ont été chassés des côtes gaspésiennes et viennent de Pabos, Grande–Rivière, Percé et Gaspé. Ils se sont sauvés à travers les bois après avoir vu leurs maisons et dépendances incendiées par les soldats du général britannique, James Wolfe.

COMBAT NAVAL[1] A RISTIGOUCHE[2]

Environ six mois après la chute de Québec, vers mai 1760, des Français partis de Bordeaux (France) viennent au Québec pour prêter main forte à François Gaston, duc de Lévis, remplaçant de Montcalm au Canada, qui, après avoir tenté de prendre Québec contre Murray, tient celui-ci assiégé dans Québec. Ces Français croisent dans le golfe St-Laurent une escadre anglaise supérieure en nombre à la leur. Ils sont forcés de se réfugier à la Petite Rochelle, nommée également Ristigouche[3] dans le fond de la baie des Chaleurs où se trouvent déjà quelques huit cents Acadiens et Gaspésiens et plusieurs centaines d'indiens.

Inutile de décrire la surprise et la joie de tout ce monde exténué par les privations de l'hiver qui se termine. Les Français leur apportent de la nourriture et des munitions sans parler de la protection de leurs trois vaisseaux: le MALCHAULT[4] de 32 canons; le BIENFAISANT de 22 canons et le MARQUIS DE MALAUZE de 10 canons.

Au cours du mois de juin, les Anglais apprendront du chef indien de Richibouctou, la présence des navires français à Ristigou-

---

[1]Mon récit s'est inspiré de celui de Bona Arsenault, historien et généalogiste in HISTOIRE DES ACADIENS, p.219.

[2]Ristigouche, village micmac sur le site actuel d'Atholville, est à quelques milles à l'ouest de Campbellton au Nouveau-Brunswick. (Voir annexe V).

[3]Restigouche, aujourd'hui.

[4]Une partie de la coque de ce navire est dans le musée actuel de la bataille de Ristigouche à Restigouche.

che.[1] Quelques semaines plus tard, une flotte anglaise composée de trois vaisseaux de guerre paraîtra en vue de Pointe-à-la-Garde, non loin de Ristigouche, où les Français ont établi un poste d'observation.

Favorisés par les vents, les bateaux anglais remontent sans obstacle jusqu'à Pointe-à-la-Batterie où le combat s'engage et dure du 27 juin au 8 juillet 1760. Au cours de la bataille, l'un des navires français sera complètement démoli pendant que les batteries de terre sont réduites au silence. L'un des autres bâtiments français, le MARQUIS DE MALAUZE, doit se retirer vers Ristigouche où il s'échoue tandis que les Anglais avancent jusqu'à la Pointe St-Martin sur la rive opposée.

Le feu sera mis au troisième navire français afin de l'empêcher de tomber aux mains des Anglais.

> «Une partie de la coque du MARQUIS DE MALAUZE, sortie du lit vaseux de l'embouchure de la rivière Ristigouche, vers 1935, grâce à l'initiative du père Pacifique, missionnaire capucin, est précieusement conservée dans le musée actuel de la bataille de Ristigouche à Restigouche.»[2]

De nouveau vainqueurs, les Anglais incendient Petite-Rochelle et réussissent à s'emparer de plus de trois cents Acadiens qui sont conduits à Halifax. Ils se saisiront aussi de trois goélettes françaises chargées d'approvisionnements et de dix-neuf barques de pêche appartenant à des Acadiens. Au retour, ils saccagent le poste

---

[1] Le Père Pacifique, capucin, raconte que le mot Ristigouche aurait été donné à toute la région par un chef micmac, en souvenir de l'extermination d'un groupe d'Iroquois, dont il avait donné le signal par ce cri: «Listo gotj»; désobéir à ton père. LE FEU DU MAUVAIS TEMPS, p.235.

[2] Bicentenaire de Bonaventure, 1760-1960, p.33.

de pêche établi à Shippagan, au Nouveau-Brunswick, à l'entrée de la baie des Chaleurs.

Les survivants de ce dernier désastre s'établiront bientôt sur les deux rives de la baie des Chaleurs.

Quant au gouverneur Charles Lawrence, l'un des principaux responsables de la terrible tragédie dont les Acadiens ont été les victimes, il mourra subitement, au mois d'octobre 1760, à Halifax, à la sortie d'un banquet organisé pour célébrer la capitulation de Montréal et la conquête du Canada.

«Que le d'jable ait son âme avec les tripes de son corps» s'exclamèrent les exilés lorsqu'ils apprirent que le beau Lawrence avait trépassé.

***

Le navire de guerre français LE MARQUIS DE MALAUZE

La coque du **MARQUIS DE MALAUZE** coulé en 1760 par la flotte anglaise. Engorgement naval qui devait signaler la fin de la Nouvelle-France.

N.B.: En fait, il faudrait lire **LE MALCHAUT** à la place du **MARQUIS DE MALAUZE**.

Quatrième volet

****   Les réfugiés acadiens établis à Bonaventure prennent possession des terres à proximité de la rivière Bonaventure qui se jette dans la baie des Chaleurs. Parmi eux, Ambroise Babin et Anne Cyr s'installeront du côté de Bonaventure-Est pour y vivre et y mourir. Ambroise assurera la descendance de notre lignée, les Babin.

    Après la bataille navale et la destruction de Ristigouche, douze familles acadiennes iront s'installer à Bonaventure, situé sur la rive nord de la Baie des Chaleurs[1] en Gaspésie, vaste péninsule sise à l'est du Québec et qui s'avance dans le golfe Saint-Laurent.

    Parmi le groupe de réfugiés se retrouve Ambroise Babin accompagné de son épouse, Anne Cyr. Il représente la quatrième génération de l'ancêtre, Antoine Babin.

    Jusqu'à nos jours, Bonaventure sera le berceau de la descendance d'Ambroise Babin et d'Anne Cyr.

---

[1]«Il a fallu à Jacques Cartier beaucoup d'imagination pour baptiser ainsi cette mer frigorifique. A croire que les orangers, les pamplemoussiers et les cocotiers vont surgir au détour de la prochaine vague. C'est vrai qu'il est arrivé en pleine canicule.» Extrait de LE FEU DU MAUVAIS TEMPS, Claude Le Bouthillier, Québec/Amérique, 1989, p.20.

BONAVENTURE 1760–1960

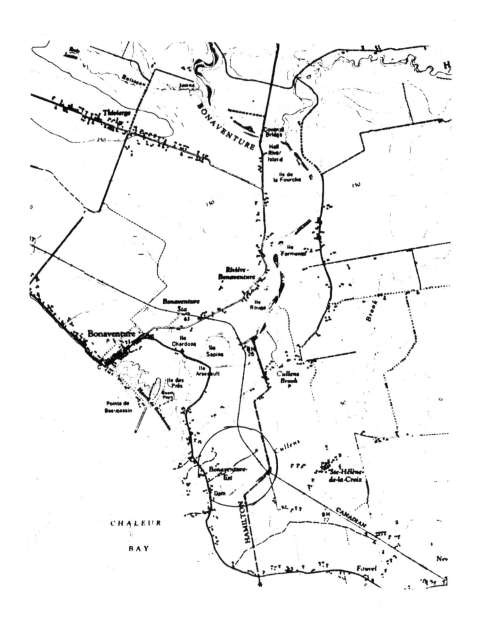

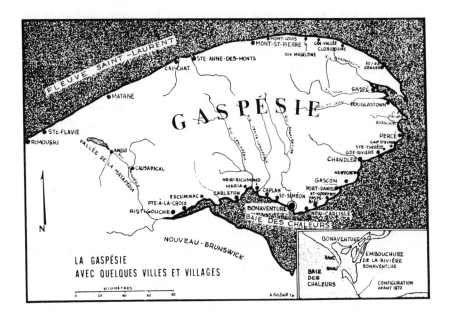

LA GASPÉSIE

L'ACADIE

Au cours des semaines qui suivirent le combat naval et la dévastation du poste de la Petite Rochelle à Ristigouche, douze familles survivront et iront s'installer sur la rive nord de la baie des Chaleurs. Le mois d'août 1760 tire à sa fin.

Pour se rendre à Bonaventure,[1] ces familles émigrées se serviront d'embarcations dissimulées à la vue des Anglais, dans les îles, à l'embouchure de la rivière Ristigouche. Ces barques serviront à transporter vieillards, femmes, enfants et tout ce qui est essentiel aux besoins immédiats: hardes, couvertures de lits, ustensiles, clous, vitres, agrès de pêche, sans oublier les provisions de bouche. Mais d'où viennent tous ces secours? Qui est cette Providence? C'est la flotte française qui apportait vivres et munitions destinés à la ville de Québec. Au mois de mai 1760, elle fut forcée de trouver asile chez les Micmacs, à Ristigouche, après avoir été pourchassée par les Anglais sur le Saint-Laurent. «J'nous tombions des nues. Ça va nous rempleumer. Astheure, c'est-y Dieu possible qu'on s'mette à nous gâter», de se dire entre eux les exilés.

Les familles acadiennes déplacées iront finalement s'établir à Bonaventure. Pourquoi préfèrent-elles cet endroit à un autre? Ces gens ont appris que ce poste se trouve à proximité d'un important cours d'eau qui se jette dans la baie des Chaleurs. Comme il n'y a pas de routes carrossables, la rivière Bonaventure sera et pour long-temps, la seule voie de communication du territoire. Durant la sai-son navigable, les hommes se serviront de canots d'écorce pour chasser le gibier des forêts ou pêcher le saumon et la truite qui abondent dans la rivière.

Les Acadiens se trouvent en sécurité près de la rivière puisqu'ils se sont toujours méfiés des Anglais. Au moindre signe de

---

[1]Bonaventure est situé sur la rive nord de la baie des Chaleurs. Bona Arsenault, HISTOIRE DES ACADIENS, pp.252-253.

danger, avec leurs canots, ils pourront facilement transporter leurs familles au loin jusque dans la forêt profonde.

Parmi les pionniers établis à Bonaventure dès 1760, se trouvent:

Joseph Arsenault (Marguerite Bujold)	Jean Arsenault, son frère (Élisabeth Bujold)
Ambroise Babin (Anne Cyr – Sire)	Joseph Bernard (Marguerite Arsenault)
Joseph Bourque (Catherine Comeau)	Paul Bujold (Marie Poirier)
Michel Caissy (Rosalie Comeau)	Joseph Gauthier (Théotiste Landry)
Simon Henry (Marguerite–Josephe Brault)	Pierre Poirier (Marguerite Arsenault)
Pierre Poirier dit CHICHE (Marguerite Leblanc)	
Charles Poirier dit COMMIS alors âgé de 17 ans	

Ambroise Babin et Anne Cyr (Sire) se sont probablement mariés à Ste-Anne de Ristigouche vers 1758. Le Père Étienne, capucin, curé-missionnaire de ladite paroisse aurait reçu leur consentement. Avec leurs compatriotes, les jeunes mariés iront s'installer à Bonaventure sur le banc de sable qui s'étend à l'embouchure de la rivière, là où sera érigée la première église.

Ambroise n'a plus le choix. Il deviendra Gaspésien par accident de parcours. Ce n'est plus le temps de pleurer l'Acadie perdue avec son hymne national, l'AVE MARIA et son drapeau étoilé. Et son identité personnelle, la retrouvera-t-il un jour?

Le premier souci d'Ambroise et de ses compatriotes est de se construire des abris pour y passer l'hiver. Ils se répartissent en corvées. La première bâtira à la hâte des camps de bois rond avec foyers de roches des champs qui serviront à réchauffer la maison. On y cuira aussi les aliments. Pendant ce temps-là, la seconde corvée pêchera la morue et autres poissons, qu'elle salera en prévision de l'hiver. La mer! «Enfin ouère la mer et se tremper les pieds dans l'eau salée, un p'tit brin, pour les ravigoter. J'nous pensions à la Grand-Prée», dit Ambroise.

Ambroise est heureux malgré tout. Avec de quoi se nourrir et se chauffer, il est prêt à affronter son premier hiver sur la terre hospitalière de la Gaspésie.

– «T'as qu'à ouère, je sons pourtant ben aise icitte, à Bonaventure, parmi nos genses. De quoi en masse à nous mettre sous la dent, pis une place chaude pour dormir avec toé, ma belle Anne. Asteurs, quoi demander de plusse? J'nous pourrions en tirer avantage pour nous r'faires les ous!» de proclamer Ambroise.

– «Ben oui, mon houmme, lui répond Anne. Si le bon Djeu l'veut, j'nous étions pas prête de partir d'icitte astheure, même si j'nous étions ben loin de par chuz nous. Pis ça s'adoune que té pas un faignant pis un flanc mou, mon Ambroise! Le gros ouvrage ça t'éffraye pas. Faut r'garder les ânnées à v'nir avec grand–confiance. Pis faut savouère que t'est pas tout seul, j'sus là, mon houmme! C'est point vrai, Seigneur Djeu! que l'empremier va r'venir. Cé point sûr de toute maniére...» jongle la bonne Anne.

***

Les Acadiens installés au Banc de Sable à Bonaventure, appelé aujourd'hui Beaubassin, hésitent à s'éloigner des rives de la baie des Chaleurs. Ils espèrent que l'Acadie sera bientôt reprise par les Français et qu'ils pourront retourner dans leur patrie pour s'établir à nouveau sur les terres fertiles abandonnées de force aux mains de l'envahisseur. Pendant un an ou deux, ils vivront dans une trompeuse tranquillité et entretiendront de futiles espérances.

Les réfugiés s'inquiètent. A quel moment les Anglais, apprenant leur présence en terre gaspésienne, viendront-ils les en déloger? Encore une bonne raison pour ne pas abandonner le bord de la mer. Pourtant, avec les années, ils s'habitueront à oublier ces tristes moments de l'histoire. La guerre de Cent Ans s'est terminée

68

en Amérique avec la capitulation de Montréal et, depuis le combat naval de Ristigouche, les pionniers vivent dans une quiétude relative. Ils songent déjà à l'exploitation agricole de leur nouvelle paroisse, leur patrie désormais.

Au cours de l'année de 1761, les terrains de Bonaventure seront subdivisés en lots qui s'étendront des deux côtés de la rivière jusqu'à la mer. Les Acadiens se les partagent et ils commencent à les occuper et à les défricher au fur et à mesure.

> En effet un précieux document conservé aux archives de Québec, nous révèle les noms de la plupart des premiers habitants de la paroisse de Bonaventure. Il s'agit d'une requête adressée le 5 avril 1789, à Lord Dorchester, gouverneur du Canada, par dix-huit chefs de famille de Bonaventure relativement à l'obtention des titres de leurs terres. De 1760 à 1789, la population avait augmenté en raison du mariage des fils des pionniers et de l'arrivée de nouvelles familles.[1]

La fondation de la paroisse de Saint-Bonaventure[2] a coïncidé de très près avec la tragique et lamentable Dispersion acadienne de 1755. Cependant, celle-ci deviendra par la suite, le GRAND ARRANGEMENT DES ACADIENS EN GASPÉSIE, puisque les défricheurs constatent que le site de Bonaventure leur offre des avantages multiples et intéressants. En plus du sol fertile et cultivable et des cours d'eau qui la traversent, cette partie de la baie des Chaleurs possède un havre naturel et isolé de la mer qui le protège des grands vents. Il permet également de dérober à la vue des indésirables, les

---

[1]Bicentenaire de Bonaventure, 1760-1960, collectif p.41. (Voir annexe VI).

[2]Bona Arsenault, HISTOIRE DES ACADIENS, 1978, Léméac, p.268. Le Père Bonaventure, capucin (né Étienne Cartier), avait accompagné les Acadiens dans la région de Bonaventure dès 1760. (Voir annexes VII et VIII).

barges et même des voiliers de solide tonnage. Quelle assurance pour ces gens sans terre, restés marqués par les deuils et les déchirures vécus à Beaubassin et à la Grand-Pré! Enfin la sécurité tant désirée! Les exilés acadiens songent dorénavant à se construire de bonnes et chaudes maisons qu'ils apprécieront mieux après avoir habité les camps de bois ronds pendant de longs hivers.

A cette époque, chacun doit savoir se débrouiller. Les pionniers travailleront en corvées pour aider à bâtir des maisons et des granges. Ils utiliseront les talents sur place: charpentiers, menuisiers, maçons et autres. Ils sont contraints de fabriquer leurs propres planches et bardeaux car ils n'ont pas de moulin à scie. Les maisons alignées le long du rang, seront construites du même modèle que celles qui furent incendiées en Acadie.

Dès le mois de juin, Ambroise Babin est tout fier de pouvoir installer Anne et leur première enfant, Marie-Lutine, née en 1762, du côté de Bonaventure-Est. Il a érigé la maison près d'un cours d'eau appelé plus tard «Rivière Cormier» du nom du propriétaire d'un moulin à farine. De nos jours, ce n'est plus que le «Ruisseau Cormier», qui coule vers la rivière Bonaventure, indifférent à l'histoire des Acadiens.

Ambroise a creusé un puits à proximité de sa demeure. «Doux Jésus! J'avons jamais bu d'eau aussi douce», s'exclame Anne. Son petit coin de terre bourdonne de vie. Avec Anne, il trime dur du matin au soir. Tous les deux ont réussi à essoucher quelques arpents de terre où un petit potager cultivé par Anne procurera au jeune ménage, les légumes frais pendant l'été. Des poules jacassent et picorent sur un tas de fumier dans le carré de la grange qui loge une vache et un boeuf.

Ambroise, l'exilé, semble en harmonie avec son pays d'adoption. Il sait se montrer charitable et généreux. Il est toujours heureux de causer avec ses compatriotes. Ingénieux, il ne craint pas les durs travaux du défrichement et de la construction.

Anne pense: «C'est t'être ben un houmme sans grous bagages, mon Ambroise, mais c'est un hardi garnement. C'est vrai qui peut bailler un bon coup de pied au cul à ceux qu'étiont dans son ch'min et qui grouillent pas assez vite à goût. Faut pas bretter avec lui.»

Elle ajoute: «Le seul défaut que j'counnaissons à Ambroise, c'est qu'il est prompt. I'retiniont-i' çà de son propre pére, Pierre, ou de son grand-pére, Charles? C'est-i' chrétien çà? Va don saouère,» confie Anne à ceux et celles qui lui vantent son Ambroise pour sa bravoure.

L'ancêtre devenu Gaspésien a beau s'esquinter à l'ouvrage et essayer d'oublier sa chère Acadie perdue en plein coeur de la Tourmente, ainsi que les Acadiens appelaient la Dispersion de 1755, il n'arrive pas à considérer Bonaventure comme tout à fait son vrai pays. A Grand-Pré, toute une vie est restée là-bas. La nostalgie du pays des Mines demeure malgré les années qui s'écoulent. Chaque occasion est bonne pour rencontrer ses amis préférés, Joseph Bourque, Michel Caissy et Pierre Poirier. Les trois hommes sont devenus de vrais compères. Ils n'en finissent plus d'évoquer le bon vieux temps qu'ils ont connu autrefois. Ils se le rappellent avec plus de ferveur depuis qu'ils ont entendu dire que plusieurs familles déportées avaient réussi à regagner Port-Royal et les Mines. On disait même que quelques-unes d'entre elles avaient pu reprendre leurs terres et s'y installer à nouveau.

«D'la terre des aïeux, Anne, y'en reste-t-i' core assez pour s'en faire une couvarte de lit? Une parsounne s'accoutume point aux déportations, ma femme. Pi des fois, ça me tentions ben dur d'aller piquer une trail* dans ce boutte-là. J'planterions encore des navots au Bassin des Mines», affirme Ambroise.

Anne ne croit rien à ces radotages. La paix retrouvée lui suffit et la contente. «Valliont mieux r'noncer à tout jamais à des histoires pareilles. Voyont Ambroise à Pierre, aveins ta jarnigoine, pour l'amour de Dieu! Pi là, arrête de te r'tourner les sangs en rêvassant à ce que

71

nous avions pardu là-bas pi que je nous pourrions pu jamais r'avoir. Astheure, cé icitte que je nous vivions. Tu d'vrais avouère honte, grand effaré d'Ambroise! Si le bon Yeu t'entend, i'pourriont te punir. Le passé cé le passé! Bounaventure, cé chuz nous pour toujours. Ça fait belle heurette que j'avions mis ça dans ma caboche», dit Anne en biclant des yeux.

Ambroise, les yeux tournés vers Anne, lui répond sans aigreur. «Astheure, apparence que seul'ment la mort pouviont nous donner un p'tit coin de terre ben à nous autres. A Bounaventure, les Acadiens resteriont pour toujours un reste de peuple terreux et guenilloux qui a erré en se trainant les pieds à travers les bois et les plaines en mangeant la goule ouvarte, des racines pis des gratte-culs.»

Anne réussit une fois de plus à apaiser son homme et à le détourner de son projet insensé, celui de choisir la proie pour l'ombre. Ambroise, l'exilé, le sans patrie, se résigne à mourir dans un pays qui ne lui appartient pas. Si la race acadienne n'avait pas péri dans le Grand Dérangement, n'était-ce pas grâce au courage des femmes acadiennes?

Pour oublier et se consoler, Ambroise continue de rencontrer ses trois amis intimes, chez le forgeron ou au magasin général. A cette époque, la forge est un lieu où les rendez-vous sont de la plus haute importance. Le forgeron est vu comme un artisan essentiel à toute exploitation rurale. En plus de redresser les fers usés et «cobis*» des chevaux, il fabrique pour les pionniers, des instruments aratoires rudimentaires et des voitures d'hiver et d'été. Pendant ce temps-là, les hommes «se racontent des peurs et des menteries.» «Comme par adon, mal pris, un hoummme qui se désâme peut s'aller qu'ri les racines de son pays pour les transplanter et les enfoncer dans des terres à mille lieues l'une de l'autre et ça durant des générations à venir», énonce Michel Caissy. Comme les amis semblent douter de ce qu'il avance, il les rassure en leur disant, «Je tiens ça d'un dénommé Pierre à Narcisse qui lui le tenait d'un certain Joseph à Nicolas. Il paraît que c'étiont flambant vrai!»

Le rivage reste un lieu de rencontres fort apprécié des pionniers. Là, tous les problèmes coutumiers semblent se régler dans la bonne entente. Entre eux, les Acadiens se ressemblent comme des frères. «Les gens de la mer ont une propension aux yeux bleus, c'est vieux comme le monde et une tendance à creuser du regard comme s'ils n'avaient jamais fini de fouiller l'horizon ou le firmament.»[1] Ma mère me disait qu'elle pouvait repérer les gens de Bonaventure parmi la foule à Montréal ou d'ailleurs.

La vantardise est de mode chez ces hommes de la mer. Ils se valorisent avec ce qu'ils peuvent. Ambroise dira tout naturellement à qui veut l'entrendre: «J'avons le pied marin, de pére en fi' et je counaissons la façon de coquiner avec les lames et de sortir vivant d'un ouragan de mer.»[2] Les pêcheurs se souviennent avoir entendu les anciens leur raconter la somme énorme de travail qu'exige la pêche. A leur tour, ils affronteront bravement la mer pour en rapporter le hareng et la morue qui se trouvent en abondance dans la baie des Chaleurs.

Monsieur Urbain Arsenault, c.s., descendant des réfugiés acadiens de 1760, nous parle de la pêche au hareng dans les termes suivants:

«La pêche au hareng durait au maximum deux semaines, fin avril, début mai. C'était la saison du frai. On disait: le hareng «rave». L'eau de la mer changeait de couleur par «travée» selon les «mouvées» de hareng qui

---

[1] Antonine Maillet, PÉLAGIE-LA-CHARETTE, p.119.

[2] Ibid, p.61.

73

s'entassaient en s'approchant du rivage. L'eau passait du vert au noir, du noir au vert. Il restait à cueillir ce poisson avec des filets.»[1]

Ce que rapporte Monsieur Arsenault prouve que cette pêche n'est pas un travail de tout repos. Les Acadiens exilés en sont conscients et s'y adonnent avec beaucoup de courage et d'ardeur. Ils ont le vif sentiment de continuer l'oeuvre de leurs ancêtres qui autrefois, vivaient à Port–Royal, à Beaubassin et aux Mines. En outre, la pêche leur assurera la survie.

Pierre Poirier, dit le baromètre, est l'ami d'Ambroise. On le consulte à tout propos au sujet de la température. Il tient cette connaissance de son père, qui dit-il, «lisait la mer et le temps, à la Grand–Prée au privilège des pêcheux qui partiront au large.»

«On se levait vers deux ou trois heures du matin pour un longue journée de pêche. Les deux hommes de l'embarcation ramaient vers leurs filets, «démaillaient» les centaines de kilos de harengs qui s'y trouvaient et revenaient aussitôt au bord. Ils transvidaient le contenu du «flat» dans la charrette (fig.58) ou dans le «troque» ou tout simplement ils l'entassaient sur la grève. Et ils retournaient aussitôt «démailler». A coup sûr, le filet était déjà chargé. Dans les meilleures journées, on pouvait refaire jusqu'à une dizaine de ces voyages de deux tonnes de harengs chaque fois. L'épuisement obligeait parfois à abandonner avant la brunante car c'était éreintant. Durant quelques jours, la mer «bouillait» de harengs. C'était une vraie manne du Seigneur. Il ne fallait pas la laisser passer.»[2]

Note: L'originalité et la couleur locale des dialogues ont grandement été inspirés par le roman l'Ombre de l'Epervier de l'auteur gaspésien Noël Audet.

---

[1]Arsenault Urbain, Patrimoine gaspésien/Baie-des-Chaleurs, collection Connaissance, Léméac, 1976, p.97-99. (Voir annexe IX).

[2]Urbain ARSENAULT, PATRIMOINE GASPÉSIEN/BAIE-DES-CHALEURS, Montréal, Léméac, 1976, p.101. (Voir annexe IX).

En ce matin d'avril, au petit jour, une barge* de pêche quitte le port de Bonaventure. Ambroise Babin et son ami, Michel Caissy, veulent se trouver au large* dès l'aurore. Le temps est lourd et le ciel est bas. Ce qui ne présage rien de bon. Les mauvaises conditions atmosphériques annoncées la veille par les vieux qui sentent, dans leurs os et dans leur nez, une tempête s'approcher, ne semblent guère influencer les deux pêcheurs de morue. Ambroise, le téméraire et Michel tout aussi intrépide que lui, iront en mer coûte que coûte et pensent pouvoir affronter la tempête qui approche.

En pareilles circonstances, Anne a peu d'influence sur son mari. Ambroise s'obstine à vouloir se rendre au large et prétend qu'il peut «coquiner à son goût avec la mer».

Anne sermonne Ambroise: «Bounne Sainte-Viarge-Marie! Té ben ordilleux mon houmme. Prends garde de t'tromper en t'ostinant d'l'sorte et pis d'l'gretter amèrement. Attends un brin, tu sortiras plus tard. T'être ben que le temps va s'arranger ben vite».

«Sainte Face de noute Seigneur-Jésus-Christ, jure Ambroise. V'là-ti'pas astheure que les criatures vont s'mêler de nos affaires d'houmme. Ah ben! Ah ben! quitte faire ma femme, j'm'arrangerai ben avec la mer», hurle Ambroise.

Et les voilà partis. Ambroise et Michel sont prêts pour la pêche. Des côques* pris la veille sur les plaqués* de la marée basse, leur serviront de bouette* pour capturer le poisson

Une heure à peine après leur départ, la pluie qui s'abat comme un écran, leur obstrue complètement l'horizon. Les deux hommes sont saisis d'effroi devant l'orage qui les cerne et risque de faire chavirer la petite barge.

«Oui, Sainte Face de Sainte Face! cé pu le temps d'virer de bord, je nous étions mieux de faire noute priére, mon Michel», crie Ambroise au milieu de la tourmente.

A ce moment, il pense à Anne qui dit toujours: «Y a un bon Yeu pour les sans-dessein*». Et de penser vivement le désespéré: «Ça s'pourrait-i'que j'en étions un de cette espèce-là»? Ambroise fait des promesses gros comme le bras pour qu'il retourne à terre sain et sauf. Il jeûnera chaque premier vendredi du mois, il s'abstiendra de jurer et... après avoir hésité un instant, il promet de ne plus négliger les recommandations de sa femme, Anne. Et, il sera moins ardent au lit puisque Anne est encore grosse de son cinquième enfant.

De sa fenêtre, Anne surveille le petit point noir qui tangue au large, sur une mer en furie. Tantôt la jeune femme le voit apparaître pour aussitôt le voir disparaître, ballotté par ce grand vent qui rugit à travers une pluie torrentielle. Elle récite l'Ave Maria et prie la «Bounne Sainte-Anne» de préserver son Ambroise de toutes adversités. Un moment donné, prise d'un accès de désespoir, elle se précipite à l'extérieur suivie de ses enfants. Elle alerte ses voisines par ses cris déchirants à travers la tempête. Elle leur crie le danger que court son mari au large avec Michel Caissy. Ils ont risqué leur vie. Quoi faire? Personne ne peut les rejoindre pour les secourir. Anne se lamente, se tord les mains, implore le ciel: «Douce Viarge Marie, sauvez mon houmme!» Elle est dans tous ses états. Elle court à droite, à gauche. Elle pense mourir sur place. Ce mari impénitent, qui n'en fait qu'à sa tête, pourquoi est-il parti si tôt ce matin quand le ciel n'annonçait rien de bon? Et, sortant de ses entrailles ce cri qui implore: «Bounne Sainte-Anne, sauvez mon Ambroise!» C'est ce même cri de frayeur et suppliant, jeté aux quatre vents qui rappelle le jour de l'Épouvante, celui de la Dispersion du peuple acadien.

Enfin! Vers quatre heures de l'après-midi, le vent tourne vers le sud. La mer cesse de s'agiter et la tempête finit par s'apaiser malgré que règne un épais brouillard. Là-bas au large, que devient la barque des deux intrépides? L'eau qui a pénétré de toutes parts, se mêle aux poissons pris quelques heures plus tôt et rend la manoeuvre pénible. Les deux pêcheurs glissant sur les morues, ont peine à se tenir en équilibre. Après des efforts surhumains, ils réussissent à vider l'embarcation avec de vieilles chaudières et à se débarrasser des poissons en les jetant par-dessus bord. Ils allègent ainsi la barge.

«Cré maudit! V'la t'i pas que j'd'vions laisser aller noute gagne-pain au fond de la baie!» hurle Ambroise exaspéré tout en soupçonnant que sa femme doit être morte d'inquiétude pour son homme qui a dû lutter contre la bourrasque.

Aussitôt rentré au port de Bonaventure, Ambroise, à sa grande honte, retourne à la maison. Il sait ce qu'il l'attend. Sous l'oeil désapprobateur de sa femme, il est prêt à entendre ses remontrances. Comme d'habitude, il ne dira pas un mot. Avoir mis sa vie et celle de son compagnon en péril pour ne rapporter rien qui vaille! Plein de reproches, même si Anne est une femme avec le rire dans les yeux, elle ne peut s'empêcher de lui dire: «Ça t'apprendra à être moins tête de cochon, mon houmme! Asteur, t'écouteras Pierre dit le Baromètre, espèce de mule! On vouèra ben si t'avions de la souvenance.» Oubliant sa promesse de ne plus jurer, Ambroise s'emporte et jette au visage de sa femme: «Sainte Face de noutre Seigneur Jésus-Cris! Sacre-moi patience!» Et sur ce, il va se coucher pour la nuit.

Le lendemain matin, Anne, grosse de six mois, fera une fausse couche perdant ainsi son cinquième enfant.

***

Aller à l'église reste un besoin à la fois religieux et social pour les pionniers acadiens. Sitôt arrivés, ils érigent leur première chapelle au Banc de Sable de Bonaventure, plus tard dotée d'une sacristie. Cette chapelle sera véritablement l'église paroissiale jusqu'en 1791, alors qu'elle sera détruite par un incendie. Une deuxième église sera construite et inaugurée en 1796, sise à environ dix ou douze arpents de l'ancien bâtiment et au sud-est de l'édifice actuel qui fait face à la mer. Une troisième et dernière église remplacera celle de 1796, et depuis 1860 jusqu'à nos jours.

Le père Bonaventure,[1] capucin, (Étienne Carpentier, de son nom) qui avait accompagné les réfugiés acadiens dans la région de la Baie-des-Chaleurs dès 1760, demeurera à Bonaventure jusqu'en 1764. Âgé et infirme, il doit se retirer sans laisser de remplaçant pour bien des années à venir. Durant tout ce temps, les Acadiens n'auront pas de pasteur parmi eux. Les dimanches et les Fêtes, ils continueront de fréquenter les saints lieux, selon la tradition et les moeurs de l'Acadie ancestrale. Ils auront recours aux exercices de la «messe blanche» habituellement dirigée par un Ancien du groupe et qui, de plus, baptise et préside les cérémonies des funérailles. Il sera également autorisé à recevoir les consentements de mariage et à accorder les dispenses.

Le perron de la petite église chaulée* de Bonaventure est l'endroit par excellence où tout le monde cause avec tout le monde: un village presque! Dès que l'«Ite missa est» se fait entendre, la porte de l'église s'ouvre pour livrer passage aux hommes et aux jeunesses* qui se tiennent debout à l'arrière de l'église durant l'office divin. Aussitôt que les hommes et les jeunes gens sont à l'extérieur, ils s'assemblent en groupes sur l'étroit perron.

---

[1]Bona Arsenault, HISTOIRE DES ACADIENS, Léméac, 1978, p.252. (Voir annexe X).

LES ENFANTS DE CHOEUR:

1. Philippe Vigneau
2. Arthur Henry
3. Armand Cyr
4. Gérard Guité
5. Jean-Marie Bernard

M. Zacharie Gagné,
grand-père
d'Annette

M. Jos Dugas, père
d'oncle Amédée

Alexis-Joachim Babin,
notre père alors
chef de gare à
Maria

Ernest Audet "à
Peusse", père de
Noël, professeur à
l'UQAM

Ernest LeBlanc,
bedeau, grand-père
de Nicole LeBlanc,
la comédienne du
"Temps d'une Paix"

La paroisse de Sainte-Brigitte de Maria
vers les années 1925

La petitesse de l'église et les quelques maisons qui l'entourent, toutes de bois et espacés le long du chemin du Roy, la limite de la forêt sombre, tout parle à Bonaventure d'une vie dure dans un pays austère. Aussi les salutations joviales et les appels moqueurs lancés d'un groupe à l'autre s'entrecroisent. Les propos sérieux sont souvent mêlés de jurons. Ces termes plus ou moins familiers ou grossiers témoignent tout de suite que

Les "jeunesses" de Bonaventure au temps d'Ambroise Babin
(Collection privée)

ces Acadiens appartiennent à une race de monde façonnée d'une joie très vive et imbattable, que rien ne put empêcher de rire. Pourtant, la vie ne les a pas ménagés, ces pauvres réfugiés. C'est peut-être l'une des raisons qui les incite à lancer des jurons ou plutôt des sacres. «Sainte-Face du Christ, Bounne Sainte-Viarge, Sainte-Mère de Jésus-Christ!» C'est un peu comme si les Acadiens vivaient en union étroite avec les saints du ciel. Ils les prennent à témoin et leur attribuent tous les ennuis et les calamités qui leur arrivent.

Chacun sort de sa poche une pipe en écume de mer et la vessie de cochon remplie de feuilles de tabac hachées à la main et commence à fumer avec cette satisfaction d'un besoin de se récompenser pour avoir été assis ou debout une heure et demie, messe et sermon compris. Tout en humant les premières bouffées, les pionniers acadiens parlent du temps, du printemps qui s'en vient, de l'état des glaces sur les rivières et sur la baie, de leurs affaires personnelles, des nouvelles de l'Acadie. Les rencontres sur le perron de l'église restent pour plusieurs d'entre eux l'occasion de se revoir, surtout ceux qui sont éloignés du village.

– La glace étiont pas trop épaisse sur les bords de la baie. Les rivières sont guère mieux, dit Jos à Poléon. Pis avec ce frette–là, la récolte va être pauvre, c't'ânnée, poursuit–il.

– Cé vrai, fit Ambroise. La terre aviont gelé trop de bonne heure avant les permières neiges, l'autoumne passé.

Tout à coup, les conversations cessent alors que les regards se tournent vers Joseph Gauthier, debout sur la première marche, d'où il se prépare à crier, chaque dimanche, les nouvelles de la paroisse.

– Sidore, j'voulions t'parler dans le particulier, glisse à l'oreille de son voisin, Pierre Poirier dit Chiche.

– Quoi cé que tu voulions, Pierre.

– Ta clôture empiètre sur mon terrain, mon Sidore. En plusse, a l'étiont brisée. Té moutons aviont pacagé dans mon pré...

– Cé pas vrai, Pierre!

Soudain, les poings se lèvent entre les deux belligérants pendant que les gens se groupent autour d'eux. Ce n'est que partie remise. Tout se terminera en cour, à New-Carlisle, quelques mois plus tard.

Dans le brouhaha, le crieur essaie de hausser le ton sans parvenir à se faire entendre.

– Farmez vos goules, pi quittez Jos Gauthier parler, bon Yeu! s'écrit quelqu'un parmi la foule.

Aussitôt, le crieur se met à hurler de toutes ses forces, les nouvelles suivantes:

– Lundi soir à sept heures rassemblement au magasin général pour la vente de noute mourue avec les Robin.

– J'avions reçu de l'argent du gouvernement pour continuer les travaux du tchai. Tenez! ceuses-là qui vouliont se faire engager, pouriont v'nir me trouver icitte avant les vêpres, a souère. Si voulez pas que l'argent r'tourne à Québec, venez me parler pour vous faire prendre au plus coupant.

– Qui cé'qui va–t–être «foreman»? s'inquiètent certains d'entre eux.

– Ceuses-là qui vouliont faire arpenter leu lots avant de r'faire les clôtures pour l'été, i'aura un arpenteur du nom de Pierre Levasseur qui vient de Québec. C'est l'inspecteur de la Colonisation qui va v'nir dans la paroisse la semaine qui vient. Donnez–moi vos noms le plus vite possible.

– La chaux du gouvernement étiont au magasin général. Passez en chercher pour arranger vos maisons.

Les nouvelles terminées, Gauthier descend les marches du perron. Jean Arsenault, un autre pionnier, grimpe à son tour pour vendre sa marchandise.

– Qui veut acheter un jeune goret de la dernière portée de ma belle truie? s'enquiert-il en désignant du doigt, à ses pieds, un sac où s'agite le jeune animal.

82

– Vingt cents! crie une jeunesse en éclatant de rire.

– C'est quasiment le prix du sac, rétorque l'encanteur.

– Trente-cinq cents!

– Une piastre! et le jeune cochon est la propriété du dernier acquéreur.

Pendant le temps de la criée, les femmes, à leur tour, s'apprêtent à sortir de l'église. Elles se retirent à l'autre extrémité du perron. Les hommes d'un côté, les femmes de l'autre. Les Acadiennes profitent de cette sortie pour se parer de leurs plus beaux atours. Jeunes ou vieilles, jolies ou laides, elles sont vêtues de leurs fines matinées* de dentelle aux manches bouffantes et de leurs jupons en toile du pays surmontés d'un châle de laine ou d'étoffe qu'elles ont fabriqué au métier à tisser. Sur leur tête, la coiffe blanche à «l'Évangéline» abrite leur blonde ou brune chevelure relevée en chignon.

Elles sont fières, ces femmes pionnières, de leur mari et de leur progéniture. Sans être des tourmentées, elles craignent Dieu et respectent leurs proches. Elles croient à la vertu du travail et s'y adonnent avec courage et persévérance. Comme les sorties se font plutôt rares, les rencontres du dimanche et des jours de fêtes sur le perron de l'église sont le temps de l'évasion et du rêve de l'Acadie ancestrale. La messe dominicale reste donc la fête unique de leur humble vie de paysannes.

De groupe en groupe, on se lance des invitations pour la veillée du dimanche soir pour jouer aux cartes ou danser. Les jeunes filles expriment timidement aux jeunes gens le désir de les recevoir au sein de la famille, et pour «le bon motif». Ils les regardent avec des sourires farauds et répondent avec empressement à leurs invitations.

Les Acadiennes sont intelligentes, réalistes et romanesques à la fois. Elles sont sages sans être pudibondes. La vraie Acadienne sait s'y prendre quand il s'agit de décider un homme à l'épouser, si tel est son désir. Quant à l'amour, il doit se présenter avec un grand A et arborer un visage clair dans un franc sourire. Les Acadiennes ne sont pas plus prudes qu'ailleurs mais, une jeune fille célibataire se doit d'être toujours vierge!

***

Les descendants[1] d'Ambroise Babin et d'Anne Cyr, jusqu'en 1860, ne risqueront pas d'oublier qu'ils sont d'ascendance acadienne. La survivance est assurée par leurs enfants qui uniront leur destinée dont voici les noms des conjoints et conjointes:

Marie-Lutine (1761), âgée de 27 ans, mariée à Bonaventure le 7 novembre 1789 avec Jean Bernard, fils de Joseph et de Marguerite Arsenault.

Thomas (1763), âgé de 25 ans, marié à Bonaventure le 17 novembre 1788 avec Marie Richard, fille de Jean-Baptiste et de Rosalie Gaudet. Il ne semble pas avoir laissé de descendants à Bonaventure.

Amand (1766), âgé de 26 ans, marié à Bonaventure le 23 novembre 1792, avec Ursule Poirier, fille de Charles et de Claire Bujeault. Il est décédé à Bonaventure en 1840 et Ursule Poirier est décédée en 1835.

Joseph (1764), âgé de 24 ans, marié à Bonaventure le 24 novembre 1788 avec Angélique Poirier, fille Charles et de Claire Bujeault (voir annexe).

Pierre (1768), âgé de 23 ans, marié à Bonaventure le 23 novembre 1791, avec Julie Cormier, fille de Joseph et Marie Leblanc.

Angélique (1769), âgée de 20 ans, marié à Bonaventure (?) avec Charlemagne Harbour, fils de Joseph et de Charlotte Fortin.

Euphrosine (1776), âgée de 20 ans, mariée à Bonaventure le 7 janvier 1796 avec Pierre Poirier, fils de Charles et de Claire Bujeault.

Marie-Osite (Osithe) (1770), âgée de 19 ans, mariée à Bonaventure le (?) avec Jean-Marie Bernard, fils de Joseph et de Marguerite Arsenault (deuxième noce).

---

[1]Source de références:

a) BONAVENTURE 1760-1960, Bicentenaire de Bonaventure, collectif, p.128 à 130.
b) Adrien Bergeron, LE GRAND ARRANGEMENT DES ACADIENS AU QUÉBEC, 1981, Éditions Élysée, p.148.

Seraient-ce les fils d'Ambroise Babin?
(Collection privée)

Outre la veillée du dimanche, d'autres occasions peuvent se présenter aux Acadiens, ces bons vivants qui savent s'amuser et qui profitent de toutes les occasions pour fêter: naissances, mariages, sépultures. Ces événements surviennent tout au long de l'année avec une recrudescence, de Noël aux Jours-Gras. ces traditions aujourd'hui disparues ou en train de se perdre dans l'agitation de la vie moderne, accompagnaient Noël, la veillée, le jour de l'An, les Rois, la Chandeleur, la Saint-Valentin, les Jours-Gras, la Mi-Carême et Pâques.

Ces coutumes remontent à l'Acadie française des ancêtres. Adaptées avec le temps aux conditions de la vie d'ici, elles ont changé et ont pris des formes différentes d'une région à l'autre. Il faut faire le tour de la Gaspésie pour constater que même les expressions de langage varient d'un village à l'autre.

De la Chandeleur qui se fête le 2 février, on en connaît la bénédiction des cierges. C'est également la fête des «crêpes» qu'on mange pour conjurer et éloigner «les poux», dit la légende. A la veillée qui réunit deux ou trois familles, on bavarde, on raconte des histoires, on potine sur les derniers racontars de la paroisse. On finit la soirée en faisant sauter les crêpes. Les rires et les plaisanteries surgissent quand un maladroit ne rattrape pas sa crêpe au beau milieu de la poêle. On lui impose «la pénitence» d'embrasser toutes les créatures présentes, sauf sa «promise*». Plaisirs innocents pour des gens sans malice, mais qui réconfortent leur coeur et les aident à supporter les mauvais jours.

S'amène ensuite le Mardi-Gras qui annonce la fin du Carnaval et le début du carême, période d'austérité. On festoie alors en mangeant le plus de viande possible, de friandises, de pâtisseries et sucre à la crème ou sucre du pays et sans oublier le p'tit caribou* dont on sera privé pendant quarante jours, à l'exception des dimanches. Le mercredi des Cendres annonce la période de pénitences et de mortifications jusqu'au Samedi Saint, à midi, lorsque les cloches reviennent de Rome.

La Mi-Carême vient suspendre le jeûne et l'abstinence. C'est jour de réjouissances. Déguisés et masqués de façon amusante ou bizarre, la mascarade passe. Les jeunes et les moins jeunes défilent de maison en maison. C'est un divertissement où les hôtes qui reçoivent les «mi-carêmes» essaient de deviner qui se cache derrière tel ou tel masque. A la fin de la tournée, les participants démasqués dansent, se sucrent le bec et boivent un p'tit coup de caribou. La fête se continue jusqu'à minuit. Le lendemain, le carême reprend ses droits jusqu'à Pâques, malgré certaines «gueules de bois».

Le 31 octobre, veille de la Toussaint, c'est le soir des «tours». La légende veut que les morts reviennent sur terre pour punir ceux qui les ont oubliés. Certaines personnes ne s'étonnent pas le lendemain matin, de trouver juchés sur le toit de la grange, des brouettes et tous autres instruments aratoires qui ne sont pas à leur place habituelle.

Souvent, c'est la vengeance d'un voisin mécontent de son compère qui profite de la présence des morts sur terre pour régler ses comptes.

Ce soir-là, les lutins tressent la crinière des chevaux et attachent les vaches l'une à l'autre par la queue. On croit dur comme fer que les morts se manifestent. L'Acadien entoure le thème de la mort d'une riche mythologie semi-chrétienne.

Ce dimanche-ci, c'est chez les Ambroise Babin que se réunira la compagnie pour la veillée. Les invitations lancées sur le perron de l'église à la sortie de la messe, ont semblé plaire à plus d'une jeunesse du voisinage et même des rangs.

Dès que la brunante se pointe, Ambroise, avec son sens habituel de l'hospitalité acadienne, ouvre largement la porte de la cuisine pour recevoir les veilleux* en leur disant: «Entrez! Entrez vite! Pas de cérémonies! Dégreyez-vous*, pis faites comme che-vous!»

Ambroise et Anne sont heureux de recevoir la jeunesse. Ils ont quatre filles à marier: Marie-Lutine, Angélique, Marie-Osite et Euphrosine. Quatre belle créatures!

«Des belles grosses filles!» se disent entre eux les garçons et même certains vieux du pays voulant, certes, rendre un hommage de leur admiration paysanne à «ce beau butin*».

«Cartain*, renchérit Jean à Jos Bernard qui lorgne Marie-Lutine du coin de l'oeil. Oui! Monsieur Ambroise a des belles grosses filles, pis si accueillantes en plusse,» se dit-il avec un sourire simple et naïf comme s'il attendait une réponse. En lui-même, il pense surtout qu'elle lui ferait une bonne femme puisse qu'elle est vaillante et qu'elle sait tenir maison, tout comme sa mère, Madame Anne, qui élève chrétiennement ses filles par son exemple et ses paroles. C'est un atout très avantageux, une créature de la sorte, pour un garçon qui veut s'établir sur une terre en friche en plein pays de colonisation.

Aussitôt arrivées de l'église, les femmes enlèvent leurs robes propres* qu'elles revêtiront pour la veillée et les grandes circonstances. Après le diner, les filles s'empressent de ranger la maison. Angélique se rappelle ce bout de chanson souvent chantée par sa mère et se met à fredonner:

«Quand la maison est propre.
Tous les garçons y vont (bis)
La destinée, la rose au bois
Tous les garçons y vont (bis)

Ils entrent quatre par quatre
En frappant du talon (bis)
La destinée, la rose au bois
En frappant du talon (bis)»
....

Marie–Osite aidée d'Euphrosine, fera de la tire ou du sucre à la crème. «C'est avec du miel, qu'on attire les mouche!» qui se veut un diction des aïeules.

Chez les Babin, on n'est pas riche, mais on vit et on sait s'amuser à bon marché. A la Veillée, on danse, on chante les airs du Poitou qui leur rappellent La Chaussée. On joue aux cartes: le quatre-sept, la politaine et surtout le quarante–cinq à gager. Les jeunesses préfèrent se trémousser sur la place*. Les cartes, c'est bon pour quelques gens mariés et les «vieux» qui ont la manie d'exprimer leur contentement ou leur insatisfaction en donnant des coups de poing sur la table.

Qui dit fête dit musique! Comment imaginer une veillée chez le couple Babin sans les accords du violon? On presse donc Ambroise de s'exécuter. Le violon, n'est-il pas l'âme même de la soirée qui procurera détente et plaisir? Il chante et a chanté presque toutes les noces, accordé les veillées et accompagné les morts jusqu'à l'heure sublime.

«Un violon, t'as qu'à ouère!» Le seul réchappé du Grand Dérangement dans «l'échauffourée de 1755». Oui, ce violon, Ambroise le tenait de son père, Pierre, issu de Charles à Antoine, l'ancêtre. Jouer du violon, c'était son passe-temps favori, après tant d'heures passées au grand large. Ce pauvre pêcheur éprouve le désir de trouver le dimanche venu, les chaleureux sentiments de l'amitié qu'il sait si bien partager avec les voisins et les siens.

Cet enthousiasme et cette gaieté qu'il apporte à l'aide de son violon, dans les veillées du dimanche au soir, Ambroise sait également les fournir à cette grande famille de la paroisse qui est toute la société acadienne à Bonaventure où on le réclame de partout pour animer les veillées qu'on appelle «les Soirées du Bon Vieux Temps».

Tout comme les Acadiens et les Acadiennes, Ambroise est d'un naturel timide. Il se fait prier pour sortir l'instrument de musique. Après maintes insistances, perché sur le tabouret de la cuisine, son violon coincé sous le menton, sa main droite agrippée sur l'archet, le violoneux attaque avec fougue une gigue*, au rythme endiablé. La musique accompagnée par toutes les cuillères de la cuisine entraîne les jeunes qui se sentent des fourmis dans les jambes.

«Tout le monde en place pour un rigodon*», crie Charlemagne Arbour, le prétendant d'Angélique et le caleur* du village. Personne ne se fait prier. Les couples s'enlacent et évoluent avec élégance au milieu de la place*. Les rires fusent et les danseurs sont tout à la joie de s'amuser ferme, surtout quand Charlemagne lance: «Swinge* la baquèse* dans le fond de la boîte à bois. Swinge-la fort, pas trop fort, elle a mal à son p'tit cor». Souvent les filles rougeaudes et essoufflées ont du mal à suivre les grandes enjambées de leur cavalier. Un petit repos pour le violoneux et les danseurs n'est pas volé.

«Fille, sers-nous donc à chacun un verre de p'tit-bière*», réclame Ambroise tout en sueurs, à son aînée, Marie-Lutine. «J'crois ben qu'on l'a mérité!»

«Ben oui! son pére», répond la jeune fille, on va profiter de l'occasion pour itou se sucrer le bec.

La tire et le sucre à la crème circulent. Quelques mères de famille en profitent pour s'en faire une provision qu'elles cachent dans leur mouchoir et qu'elles glisseront dans leur besace*. Cette réserve sera la récompense pour les plus jeunes laissés à la maison, ainsi que le veut la coutume.

La soirée se continue agrémentée de chansons à répondre à travers les gigues*, les reels* et les quadrilles. Les couples dansent sans se quitter jusqu'à ce que le violon s'arrête. Ils en sont tout surpris.

Pour laisser reposer le violoneux, on l'invite à raconter l'histoire de sa dernière tempête et son embardée en pleine mer avec son ami, Michel Caissy. Ambroise, le rusé et surtout orgueilleux, fait mine de ne pas comprendre. Il allume sa pipe et la fume tranquillement. On insiste. Alors finaud, il contourne la demande et dit: «C't'y celle-là ousque les cloches de la Grand-Prée sounaient dans la tempête et que j'entendions de Bonaventure?»

Une autre légende d'Ambroise qui lui tient également au coeur: celle du *feu du mauvais temps*[1]. Une grosse boule de feu qui semble flotter au-dessus des vagues. On croyait apercevoir à l'intérieur de cette boule de feu, un trois-mâts noir à voiles blanches. Ambroise dit qu'il peut nettement distinguer le drapeau noir des pirates, avec le crâne de mort et les os entre-croisés, puis la coque devient tison alors que les voiles s'embrasent de flammèches. Il croit entendre des coups de canon tonner dans le lointain. «Un bien mauvais signe», de conclure Ambroise à ceux qui l'écoutent avec avidité.

---

[1]Le Bouthiller, LE FEU DU MAUVAIS TEMPS, p.cit., p.107.

Pour ne pas contrarier Ambroise, on ne prend pas la peine de lui faire répéter toutes les menteries qu'il a inventées à propos de cette aventure. Il les forge au fur et à mesure que ça fait son affaire. Mais lorsqu'il s'agit de la petite histoire des aïeux, ce conteux* qu'est Ambroise, peut tout vous raconter dans un souffle: les ancêtres, comme les descendants et vous faire passer sous les yeux toute une race sans en manquer un maillon et vous tricoter l'histoire des Acadiens exilés ou fugitifs depuis Antoine venu de la France pour s'établir en Acadie jusqu'à nos jours. Ensuite, il poursuit son récit pour finir par dire: «Et c'est encore comme ça que je sons en vie, nous autres les exilés, grâce aux traquenards des Micmacs».

Avec les années, Ambroise est devenu le bon vieux sage, l'ancien chef, le patriarche qui se raconte. Avec ses soixante ans bien sonnés, il s'accroche aux valeurs du passé. Il radote un peu, bien sûr, comme tous ceux qui vieillissent, mais ses contes et racontars ont toujours la saveur du présent. Ambroise représente la continuité de la vie et celle de sa race, les Babin.

Dans la cuisine, la soirée s'est passée d'une manière aussi agréable qu'intéressante. Avec la sage lenteur des gens de la campagne qui vivent au rythme des saisons, lorsque dix heures sonnent à l'horloge, chacun allume son fanal. C'est le signal du départ et les voilà sur le chemin du retour. Les gens des rangs se rendent à l'étable pour atteler les chevaux. Sur le seuil, Charlemagne s'arrête un instant pour sonder la nuit du regard.

«Tiens, i'mouille», dit-il. C'est ainsi qu'ils se disent au revoir jusqu'à dimanche prochain, après avoir passé une soirée sortant de la routine habituelle, surtout pour les vieux. Elle leur rappelle leur jeunesse et les traditions si chères à leurs ancêtres.

***

– Merci tante Bernadette. J'ai fort apprécié le récit de l'aventure d'Antoine Babin. Ça m'a appris que travailler dur est une partie essentielle dans la vie et qu'en général, on n'a rien pour rien. Et ceux qui ont voulu travailler dur on trouvé un endroit idéal en Acadie. Les Anciens ont tout perdu et ça n'a pas empêché les générations suivantes d'aller recommencer ailleurs et de se bâtir une nouvelle patrie en Gaspésie.

Ça m'a permis d'apprécier et même d'admirer ces hommes et ces femmes qui prenaient de grands risques pour survivre malgré des conditions de vie presqu'inhumaines. Ils avaient mis tout en oeuvre pour conserver leurs propres valeurs et les transmettre à leurs enfants. Et papa a toujours voulu que notre vie soit plus facile que la sienne bien que nos rêves soient différents. Je sais maintenant de qui je tiens ce goût de liberté et d'aventures.

Salut! Antoine Babin.

A Carleton, chez Claude,
Nicole Babin âgée de sept mois avec moi, sa marraine.

GÉNÉALOGIE DES BABIN

LES DOUZE GÉNÉRATIONS

```
                    ┌─────────────────────────┐
                    │   Maxime BABIN-DUGAL     │
                    └─────────────────────────┘


   Nathalie BABIN              11.07.1987              Pierre DUGAL
                               Charlesbourg

      Yvon BABIN               09.10.1965             Yvette GAUDREAU
                                 Québec

    Benoît BABIN               04.01.1937              Yvette DION
                                  Maria

 Alexis-Joachim BABIN          14.06.1910          Lydia (Lédia) BUGEAUD
                               Bonaventure

     Alexis BABIN              25.01.1875         Marcelline ARSENAULT
                               Bonaventure

   Alexandre BABIN             05.02.1833          Virginia GAUTHIER
                               Bonaventure

    Joseph BABIN               14.11.1788          Angélique POIRIER
                               Bonaventure

   Ambroise BABIN               vers 1760              Anne CYR
                               Restigouche

    Pierre BABIN                vers 1713          Magdeleine BOURG
                                Grand-Pré

    Charles BABIN               vers 1664          Magdeleine RICHARD
                               Port-Royal

   Antoine BABIN                vers 1661            Marie MERCIER
                               Port-Royal
```

Antoine (Anthoine) Babin né en 1626, à la Chaussée Loudun, France, dont c
ne connaît ni le père ni la mère, à cause de la rareté des pièces d'archives. Il s
marie avec **Marie MERCIER (MERCIÉ)** vers 1661, à Port-Royal.

1ère GÉNÉRATION

ANTOINE BABIN

FRANCE 1626

PARENTS INCONNUS

MARIE MERCIER

PORT ROYAL VERS 1661

FILLE DE JEAN ET FRANÇOIS GAUDET

GÉNÉALOGIE DES BABIN

1ère génération

Antoine
né en France en 1626: parents inconnus
laboureur
se marie à Port Royal vers 1661 avec
Marie MERCIER
fille de Jean et Françoise GAUDET

2e génération

Charles
né à Port Royal en 1664
se marie à Port Royal vers 1686 avec
Magdeleine RICHARD
fille de Michel et Magdeleine BLANCHARD

3e génération

Pierre
né à Grand-Pré en 1694
se marie à Grand-Pré vers 1713 avec
Magdeleine BOURG
fille d'Alexandre et de Marguerite MELANSON

4e génération

Ambroise
né le 17 mai 1728 à Grand-Pré
décès à Bonaventure, sépulture le 6 février 1797, à 69 ans
se marie à Ristigouche (qui deviendra Restigouche) vers 1760
avec
Anne CYR
fille de Jean et Anne BOURGEOIS

5e génération

Joseph
né à Bonaventure en 1764
se marie à Bonaventure vers le 24 novembre 1788 avec
Angélique POIRIER
fille de Charles et Claire BUJEAULT BUJOLD

6e génération

Alexandre
né à Bonaventure en 1805
sépulture le 11 octobre 1867
se marie à Bonaventure le 5 février 1833 avec
Virginie GAUTHIER
fille de Joseph et Élisabeth POIRIER

7e génération

Alexis   né à Bonaventure le 4 août 1848
                                se marie à Bonaventure le 25 janvier 1875 avec
Marcelline ARSENAULT   fille de Grégoire et Marie-Reine NORMANDEAU

8e génération

Alexis-Joachim   né à Bonaventure le 30 mars 1885, chef de gare
                                se marie à Bonaventure le 14 juin 1910 avec
Lydia (Lédia) BUGEAUD fille de Simon et Zoé CAISSY

9e génération

Benoît   né à Maria le 23 juillet 1916
                                se marie à Maria le 4 janvier 1937 avec
Yvette DION   fille de Clovis et Héloïse LEBLANC

10e génération

Yvon   né à St-Conrad de Restigouche le 30 avril 1938
                                se marie à Québec le 9 octobre 1965 avec
Yvette GAUVREAU   fille de Marc et Gabrielle ROY

11e génération

Nathalie   née à Québec le 27 février 1966
                                se marie à Charlesbourg le 11 juillet 1987 avec
Pierre DUGAL   né le 7 juillet 1962 à Québec (paroisse St-Albert Legrand)
                                (Emile et Louise JONCAS)

12e génération

Maxime   né le 7 décembre 1988 à Québec

Sources de références:
BERGERON, Adrien, s.s.s., LE GRAND ARRANGEMENT DES ACADIENS AU QUÉBEC, volume 1, Édition Elysée, 1981, 318 pages
ARSENAULT, Bona, LES RÉGISTRES DE BONAVENTURE 1791-1900, Édition Marquis, 1981, 442 pages
2Le Comité du Centenaire, BICENTENAIRE DE BONAVENTURE 1760-1960, 399 pages.

GÉNÉALOGIE DE LA FAMILLE BABIN

Première génération

La première génération proprement dite connue commence avec

ANTOINE (ANTHOINE) BABIN né en 1626, à la Chaussée Loudun, France, dont on ne connaît ni le père ni la mère, à cause de la rareté des pièces d'archives. Il se marie avec **Marie MERCIER (MERCIÉ)** vers 1661, à Port-Royal.

Ils auront neuf enfants:

Marie   née en 1663 à Port-Royal, mariée en premières noces vers 1681 avec
             François Raimbault (René et Anne-Marie...) à Port-Royal (tel quel dans
             A. Bergeron).
             En secondes noces vers 1725, à Port-Royal avec
             Claude Landry, veuf de Catherine Thibodeau.

CHARLES   né en 1664 à Port-Royal, marié vers 1686 à Port-Royal avec
             Magdeleine Richard (Michel et Magdeleine Blanchard).

Vincent   Né à Port-Royal en 1665, marié vers 1687 à Port-Royal avec
             Anne Terriot (Claude et Marie Gauterot).

Jeanne   née en 1667 à Port-Royal, mariée vers 1682 en premières noces à Port-Royal
             avec
             Michel Richard (Michel et Magdeleine Blanchard).
             En secondes noces vers 1689 à Port-Royal avec
             Laurent Doucet (Germain et Marguerite Landry).

Marguerite née en 1670 à Port-Royal, mariée vers 1687 à Port-Royal avec
             Antoine Brault (Vincent et Marie Bourg).

Anne   née en 1674 à Port-Royal, mariée vers 1695 à Port-Royal avec
             Abraham D'Oiron-Douaron (Jean et M.A. Cano).

Magdeleine née en 1678 à Port-Royal, mariée vers 1695 à Port-Royal avec
             Jean Martin, veuf d'Anne Ouesttuorouest.

Françoise   née en 1681 à Port-Royal, mariée vers 1698 à Port-Royal avec
             Jean Pitre (Jean et Marie Pesseley).

Jean   né en 1684 à Port-Royal, marié vers 1706 à Pigiquit avec
             Marguerite Boudrot (Charles et Renée BOURG) tel qu'inscrit dans A
             Bergeron, Le Grand Arrangement des Acadiens au Québec, p. 147.

CHARLES, deuxième enfant d'Antoine Babin et de Marie Mercier, marié à **Magdeleine Richard** vers 1686, décide d'aller vivre au Bassin des Mines à une soixantaine de milles de Port–Royal.

Ils auront neuf enfants:

Anne   née en 1688 à Grand–Pré, mariée vers 1704 à Grand–Pré avec **Clément Benoît** (Martin et Marie Chaussegros).

Marguerite   née en 1690 à Grand–Pré, mariée le 4 juillet 1712 à Grand–Pré avec **Antoine Dupuis** (Martin et Marie Landry).

René   né en 1692 à Grand–Pré, marié le 26 novembre 1714 à Grand–Pré avec **Elisabeth Gauiterot** (Claude et Marie Terriot).

PIERRE   né en 1694 à Grand–Pré, marié vers 1713 à Grand–Pré avec **Magdeleine Bourg** (Alexandre et Marguerite Melanson).

Claude   né en 1698 à Grand–Pré, marié le 14 novembre 1718 à Grand–Pré avec **Marguerite Dupuis** (Martin et Marie Leclerc).

Jean   né en 1700 à Grand–Pré, marié le 14 octobre 1721 à Grand–Pré avec **Marguerite Terriot** (Jean et Jeanne Landry).

Joseph   né en 1702 à Grand–Pré, marié le 11 juillet 1725 à Grand–Pré avec **Angélique Landry** (Antoine et Marie Thibodeau).

Marie   née en 1708 à Grand–Pré, mariée le 16 juin 1726 à Grand–Pré avec **Antoine LeBlanc** (Antoine et Anne Landry).

Charles   né en 1708 (jumeau) à Grand–Pré, marié le 10 juillet 1729 à Grand–Pré avec **Anne Melanson** (Philippe et Marie Dugast).

PIERRE, quatrième enfant de Charles Babin et de Magdeleine Richard, petit-fils d'Antoine Babin et de Marie Mercier, vit à Saint-Charles-des-Mines en Acadie. Il est marié à **Magdeleine Bourg**.

Ils auront neuf enfants dont Ambroise, l'ancêtre gaspésien:

Pierre né en 1717, mort jeune à Grand-Pré.

Jean-Baptiste né en 1719 à Grand-Pré, marié le 30 septembre 1745 à Grand-Pré avec
Catherine LeBlanc (Jacques et Catherine Landry).

Magdeleine née en 1720 à Grand-Pré, mariée le 18 novembre 1743 à Grand-Pré avec
Godefroy Benoit (Claude et Jeanne Hébert).

Pierre né vers 1723 à Grand-Pré.

Marie née vers 1725 à Grand-Pré, mariée vers 1746 à Grand-Pré avec
René LeBlanc (René et Jeanne Landry).

Marguerite née en 1729 à Grand-Pré.

AMBROISE né le 17 mai 1728 selon Adrien Bergeron, en 1731 selon Bona Arsenault, à
Grand-Pré, marié vers 1760 à Restigouche avec
Anne Cyr (Jean et Anne Bourgeois) qui est décédée en 1809, âgée de 75 ans.
Ambroise est décédé à Bonaventure en 1797.

Joseph né en 1734 à Grand-Pré.

Anne-Marie née en 1746 à Grand-Pré.

AMBROISE, septième enfant de Pierre Babin et de Magdeleine Bourg, vit à Grand-Pré, dans la paroisse de Saint-Charles des Mines. Il est âgé de vingt-quatre ans lors de la Dispersion des Acadiens de 1755. Il se retrouvera en 1759 à Restigouche avec d'autres réfugiés acadiens. Vers 1760, il se marie avec **Anne Cyr (Sire)**. Ils iront s'établir à Bonaventure dans la Baie-des-Chaleurs. Il meurt à Bonaventure âgé de 68 ans, sépulture le 6 février 1797.

Ils auront dix enfants:

Marie-Lutine (Lucine) née en 1761 à Bonaventure, mariée le 7 novembre 1789 avec **Jean Bernard** (Joseph et Marguerite Arsenault).

Marie née en 1762 à Bonaventure. Morte en bas âge.

Thomas né en 1763 à Bonaventure, marié le 17 novembre 1788 à Bonaventure avec **Marie Richard** (Jean-Baptiste et Rosalie Gaudet).

JOSEPH né en 1764 à Bonaventure, marié le 24 novembre 1788 à Bonaventure avec **Angélique Poirier** (Charles et Claire Bujeault (Bujold). Sépulture à Bonaventure le 23 octobre 1843 âgé de 75 ans.

Amand né en 1766 à Bonaventure, marié le 23 novembre 1792 à Bonaventure avec **Ursule Poirier** (Charles et Claire Bujeault (Bujold).

Pierre né en 1768 à Bonaventure, marié le 23 novembre 1791 ou 1801 (selon Bona Arsenault) à Cascapédia avec **Marie-Julie Cormier** (Joseph et Marie LeBlanc). Sépulture à Bonaventure le 7 février 1855 âgé de 86 ans.

Angélique née en 1769 à Bonaventure, mariée à Bonaventure (?) avec **Charlemagne Harbour** (Joseph et Charlotte Fortin).

Osithe (Osite) née en 1770 à Bonaventure, mariée vers 1789 à Bonaventure avec **Jean-Marie Bernard** (Joseph et Marguerite Arsenault). Sépulture à Bonaventure le 9 juillet 1861 âgée de 89 ans.

Rose née en 1773 à Bonaventure. Morte en bas âge.

Euphrosine née en 1776 à Bonaventure, mariée le 7 janvier 1796 à Bonaventure avec **Pierre Poirier** (Charles Poirier et Claire Bujeault (Bujold).

104

JOSEPH, quatrième enfant d'Ambroise Babin et d'Anne Cyr, est un descendant d'Antoine Babin et de Marie Mercier de Port–Royal. Il vit à Bonaventure et est marié à **Angélique Poirier** (dit Commis) de la même paroisse.

Ils auront huit enfants:

Joseph   né en 1790 à Bonaventure, marié en premières noces le 11 janvier 1815 à Bonaventure avec
Marie Gauthier (Joseph et Théot. Poirier).
En secondes noces, le 22 février 1830 à Bonaventure avec
Gabrielle Albert (Jean–Baptiste et Th. De Lanteig).
En troisièmes noces, le 27 janjvier 1842 à Bonaventure avec
Catherine Delarosebille (veuve de Jean Aspirot).
Joseph est décédé à Bonaventure le 23 octobre 1893, âgé de 75 ans.

Charlemagne   né le 14 juin 1792 à Bonaventure, marié le 7 janvier 1818 à Bonaventure avec
Anastasie Bourdages (Benjamin et Esther Bujeault (Bujold) tel qu'indiqué dans A. Bergeron, p. 149.

Marie–Claire   née en 1794 à Bonaventure, mariée le 8 janvier 1816 à Bonaventure avec
Jean–Nicolas Bourdages (Benjamin et Esther Bujeault (Bujold)).

Pierre   né en 1796 à Bonaventure, marié le 28 septembre 1824 à Bonaventure avec
Apolline Poirier (Fabien et Angélique Gauthier).

Ambroise   né le 17 mai 1798 à Bonaventure, baptisé le 18 mai 1978, marié le 10 janvier 1825 à St–Jean–Port–Joli avec
Marie–Solanges Chouinard (Joseph et Mign...) tel que décrit dans le Grand Arrangement des Acadiens... A. Bergeron, p. 149.

Timoléon   né en 1800 à Bonaventure, marié le 11 janvier 1830 à Bonaventure avec
Marie Bernard (Isaïe et Rachelle Bourg).

Angélique   née en 1802 à Bonaventure, mariée le 9 janvier 1827 à Bonaventure avec
Pierre Bourdages (Benjamin et Esther Bujeault (Bujold).

ALEXANDRE né en 1805 à Bonaventure, marié le 5 février 1833 à Bonaventure avec
Virginie Gauthier (Joseph et Elisabeth Poirier).
Sépulture à Bonaventure le 11 octobre 1867, âgé de 62 ans.

N.B.: D'après les registres paroissiaux, sauf les notables, les gens de la 5e génération ne savent pas signer. Souvent le père est absent au baptême.

48

B 14

Le vingt trois septembre mil huit cent cinq nous prêtre
soussigné ont été suppléées les cérémonie du baptême à
Alexandre ondoyé par Simon Henon le trois de present jour
de sa naissance, fils de Joseph Babin cultivateur de Bon
venture et d'Angélique poirier, parrain Paul poirin,
marraine Rosalie Hébert qui ont déclaré ne savoir
signer

Ambroise prêtre

ALEXANDRE, huitième enfant de Joseph Babin et d'Angélique Poirier, habite Bonaventure. Marié à **Marie-Virginie Gauthier** de Bonaventure.

Ils auront onze enfants:

Charles-Adolphe né le 13 mars 1834 à Bonaventure, marié le 28 septembre 1858 à Bonaventure avec
Marguerite Babin (Hyppolite et Marthe Couture).
Sépulture à Bonaventure le 19 juillet, âgé de 30 ans. Sa veuve se remarie le 31 août 1863 à Bonaventure avec Simon Henry.

Elisabeth née le 9 août 1835 à Bonaventure. Sépulture le 20 février 1838.

Guillaume né le 1er juin 1837 à Bonaventure, marié le 26 janvier 1864 à Bonaventure avec **Marie-Anne Babin.**
Il meurt le 26 avril 1865, âgé de 28 ans.
Marie-Anne Babin se marie en secondes noces le 5 octobre 1874 à Bonaventure avec André Cyr de Maria, mort le 30 mai 1893 âgé de 62 ans. Elle meurt le 12 décembre 1809 (selon Bona Arsenault) âgée de 75 ans.

Polycarpe né le 5 mai 1839 à Bonaventure, marié le 23 janvier 1866 à Bonaventure avec **Marie-Adéline** ou **Adélina** (selon Bona Arsenault) **Bourdages.**

Joseph né le 25 octobre 1840 à Bonaventure, marié le 4 février 1873 avec **Marie-Angélique Arbour,** (Ignace et Mary-Anne McKay).
Sépulture de Joseph le 3 février 1844 à Bonaventure.

Marie-Anne née le 11 décembre 1842 à Bonaventure, mariée le 10 juillet 1881 (ou 1888) à Bonaventure avec
Félix Babin, (Amand et Julie Bourdages) veuf de Marie Gauthier.

Elisabeth née le 11 octobre 1846 à Bonaventure, mariée le 7 janvier 1879 à Bonaventure avec
Alexandre FERLATTE, né à Bonaventure le 16 mai 1836, veuf de Célanie dite Célina Bourdages de Caplan (Frédéric et Mary McKay).

ALEXIS né le 4 août 1848 à Bonaventure, marié le 25 janvier 1875 à Bonaventure avec **Marcelline Arsenault** (Grégoire et Reine Normandeau).
Sépulture d'Alexis à Montréal en 1930.

Pierre-Ambroise né le 25 janvier 1851. Sépulture le 27 novembre 1871, âgé de 20 ans.

Frédéric né le 5 janvier 1853 à Bonaventure. Sépulture le 19 septembre 1853.

Marie-Monique née le 7 septembre 1854 à Bonaventure.

ALEXIS, né à Bonaventure, huitième enfant d'Alexandre et de Marie-Virginie Gauthier. Marié le 25 janvier 1875 à **Marcelline Arsenault**. Tous deux habitent à Bonaventure.

Ils auront neuf enfants:

Joseph-Bonaventure né le 3 janvier 1876 à Bonaventure, marié le 14 février 1899 à Bonaventure avec
Marie-Louise Grey (Joseph et Marie POLLAND (POLLAN).

Marie-Célestine née le 28 mai 1877 à Bonaventure, mariée à Montréal, avec
Télesphore Renaud. Morte accenditellement brûlée à la maison de campagne du sénateur Béique à Varennes.

Marie-Reine née le 21 novembre 1878 à Bonaventure, mariée à Montréal avec
Pierre Despard (John et Elisabeth Savard) de Percé. Ils habitaient le quartier de Rosemont.

Marcellin né le 22 avril 1880 à Bonaventure.

Louis-Napoléon né le 5 juin 1882 à Bonaventure. Sépulture le 4 août 1882.

Marie-Virginie-Bernadette née le 15 septembre 1883 à Bonaventure. Sépulture le 1er décembre 1891 à Bonaventure. Elle était âgée de 8 ans.

ALEXIS-JOACHIM né le 30 mars 1885 à Bonaventure, marié le 14 juin 1910 à Bonaventure avec
Marie-Zoé-Lydia Bugeaud (Simon et M. Zoé Caissy).
Décès à Québec, le 18 décembre 1940.

Frédéric né le 22 décembre 1886 à Bonaventure, marié le 22 décembre 1921 avec
Léonie Leblanc (Alexis et Marie Rivière), en l'église de Saint-Édouard de Montréal. Ils habitaient le quartier Rosemont (Montréal).

Marie-Anne surnommée Maria[1], née le 4 mars 1889 à Bonaventure, mariée le 26 mai 1919 avec
Alfred Bujold (Côme) (Pierre et Joséphine Forest morte le 24 décembre 1895 âgée de 40 ans), né le 18 juin 1886, en l'église de Saint-Rédempteur de Montréal. Ils vivront à Berlin, N.H. (U.S.A.).

[1] Un surnom, tout le monde en avait un en Acadie. Les Babin, on les appelait les BOBIN. C'était également de mode à Bonaventure, où il y avait à la même époque, trois Alexis Babin. Pour les distinguer, on en surnommait un "Alexis à Nazaire", l'autre "Alexis à Coche" et le troisième, notre grand-père "Alexis Craig". Ce dernier avait, paraît-il, un caractère assez spécial, semblable à celui du Gouverneur Craig de la petite Histoire du Canada, laquelle disait que cet homme était "revêche et despotique".

ALEXIS-JOACHIM, né le 30 mars 1885 à Bonaventure, est le septième enfant d'Alexis Babin et de Virginie Gauthier. Il se marie le 14 juin 1910 à Bonaventure avec **Marie-Zoé-Lydia Bugeaud**, fille de Simon et de Zoé Caissy. Le couple habitera à Maria durant trente ans. Alexis-Joachim est décédé le 18 décembre 1940 à Québec.

Ils auront treize enfants:

Laure née le 25 novembre 1911 à Maria. Décédée le 4 août 1931 à Maria.

Édouard né le 10 février 1913 à Maria. Marié le 7 juillet 1962 à Montréal avec **Blanche Forest** (Alphonse et Maria Babin). Pas d'enfant.

Gabriel né le 5 mai 1914 à Maria. Décès le 21 septembre 1916, âgé de deux ans. Inhumé dans l'ancien cimetière de Maria (près de l'église) dans le lot de famille à côté de notre père.

Victor né le 28 juillet 1915 à Maria. Décès le 31 octobre 1916, âgé d'un an (environ un mois après Gabriel). Inhumé au même endroit que ce dernier.

BENOÎT né le 23 juillet 1916 à Maria. Marié le 4 janvier 1937 à Maria avec **Yvette Dion** (Clovis et Héloïse LeBlanc). Divorcé.

Claude né le 1er novembre 1917 à Maria. Marié le 24 juin 1944 à Carleton avec **Jeanne Boudreau** (Wilbrod et Adeline Cormier).

Bernadette née le 27 mars 1919 à Maria. Mariée le 27 novembre 1945 à St-Léon de Westmount avec
Jean-Jacques (James ou Jim) Bujold (Ignace et Amanda Bourdages).

Eugène né le 2 août 1920 à Maria. Marié le 25 juillet 1959 à Montréal avec **Madeleine Meunier**. Décédé le 23 mai 1970 à Montréal. Pas d'enfant.

Cécile née le 26 décembre 1924 à Maria. Mariée le 28 décembre 1957 avec **Hermann Côté** (David et Evelina Désaulniers), né le 8 juin à St-Pierre Joly (Manitoba). Divorcée.
Mariée en secondes noces le 15 avril 1987 au Palais de Justice à Laval avec **Alexandre Gil Mackenzie** (Alexandre et May Williams).

Irénée (René) né le 30 décembre 1925 à Maria. Marié le 15 juillet 1950 à St-Quentin, N.B., avec
Noëlla Bernier (Wilfrid et Cécile Desrosiers).

Alma (Thérèse) née le 26 novembre 1927 à Maria. Mariée le 1er septembre 1956 à Montréal avec
Jean-Louis Chamberland (Joseph-Eugène et Blanche Desrosiers).

Adrien né le 17 juin 1929 à Maria. Décédé le 5 juin 1962 à Montréal.

Delphis né le 19 mars 1931 à Maria. Marié le 17 juillet 1954 à Saint-Mathieu de Montréal avec

BENOÎT, né le 23 juillet 1916 à Maria. Marié le 4 janvier 1937 à Maria avec **Yvette Dion** (Clovis et Héloïse LeBlanc).

Ils auront sept enfants:

YVON   né le 30 avril 1938 à St-Conrad de Restigouche. Marié le 9 octobre 1965 à Québec avec
Yvette Gauvreau (Marc et Gabrielle Roy).

Armand   né le 17 mai 1939 à Maria. Marié le 18 août 1962 à Québec avec
Micheline Beaulieu (Joseph et Adrienne Harrington). Pas d'enfant.

Armande   née le 13 octobre 1940 à St-Conrad de Restigouche. Mariée le 11 juin 1966 à Québec avec
Jacques Côté (Victor et Yvonne Blais).

Marie-Ange née le 20 décembre 1941 à Maria.

René-Clovis né le 2 mai 1944 à Maria. Marié le 2 mai 1970 avec
Carmen Ratté. Annulation de mariage.
Marié en secondes noces le 20 août 1982 avec
Lise LeSauteur (Alfred et Marguerite Bellemard), née le 28 janvier 1950 à Trois-Rivières.

Denise   née le 21 août 1945 à Dolbeau. Mariée le 20 août 1966 à Québec. Divorcée.

Marcel   né le 10 janvier 1954 à Québec. Union de fait avec
Monique Verreault (Gilles et Rollande Thibault).

YVON, né le 30 avril 1938 à St–Conrad de Restigouche, marié le 9 octobre 1965 à Québec avec **Yvette Gauvreau** (Marc et Gabrielle Roy).

Ils auront trois enfants:

NATHALIE née le 27 février 1966 à Québec. Mariée le 11 juillet 1987 à Charlesbourg avec
Pierre Dugal (Emile et Louise Joncas), né le 7 juillet 1962 à Québec (paroisse St–Albert Legrand).

Pierre né le 17 septembre 1969 à Charlesbourg. Marié civilement le 6 mai 1991 à Montréal; religieusement le 10 août 1991 à Charlesbourg avec
Caroline Simard (Michel et Doris Allard).

Jean né le 10 novembre 1976 à Charlesbourg.

NATHALIE, née le 27 février 1966 à Québec. Mariée le 11 juillet 1987 à Charlesbourg avec **Pierre Dugal** (Emile et Louise Joncas), né le 7 juillet 1962 à Québec (paroisse St–Albert–Legrand).

Ils auront 2 enfants:

Douzième génération

Maxime né le 7 décembre 1988 à Québec

Valérie née le 11 mai 1990 à Québec.

112

Sixième volet

LES ENFANTS D'ALEXIS–JOACHIM BABIN
ET DE
LYDIA BUGEAUD

Neuvième génération

La petite histoire d'Antoine (Anthoine) Babin, l'ancêtre

Dans ce sixième volet, de la généalogie des Babin, il sera question de la descendance d'Alexis–Joachim Babin, fils d'Alexis à Alexandre à Joseph à Ambroise, le pionnier venu s'établir à Bonaventure en 1760, pour donner naissance à la lignée des Babin en terre gaspésienne.

De la huitième génération avec Alexis–Joachim Babin, nous passerons à la neuvième génération avec Benoît, fils d'Alexis–Joachim. Yvon, fils de Benoît, de la dixième génération, laissera la lignée à sa fille Nathalie, de la onzième génération qui a deux enfants. Maxime, fils de Nathalie assume la douzième génération.

Si des erreurs ou des omissions se sont glissées dans ce sixième volet ou tout au cours de ce travail, nous vous serions reconnaissants de nous les souligner. Nous serions également heureux et avec la même gratitude d'accepter tout incident ou tout fait notoire qui viendraient peaufiner notre petite histoire gaspésienne des Babin et celle de notre ancêtre français, Antoine (Anthoine) Babin et de sa lignée qui a assuré la pérennité du patronyme.

LES ENFANTS D'ALEXIS-JOACHIM BABIN ET DE LYDIA BUGEAUD

Neuvième génération

ALEXIS-JOACHIM, né le 30 mars 1885 à Bonaventure, est le septième enfant d'Alexis Babin et de Virginie Gauthier. Il se marie le 14 juin 1910 à Bonaventure avec **Marie-Zoé-Lydia Bugeaud**, fille de Simon et de Zoé Caissy. Le couple habitera à Maria durant trente ans. Alexis-Joachim est décédé le 18 décembre 1940, à Québec.

Ils ont 13 enfants.

Laure   née le 25 novembre 1911 à Maria. Décédée le 4 août 1931 à Maria.

Édouard   né le 10 février 1913 à Maria
se marie le 7 juillet 1961 à Montréal avec
Blanche Forest (Alphonse et Maria Babin). Pas d'enfant.

Gabriel   né le 5 mai 1914 à Maria. Décès le 21 septembre 1916, âgé de deux ans. Inhumé dans l'ancien cimetière de Maria (près de l'église) dans le lot de famille à côté de notre père.

Le carosse de jonc qui a promené notre enfance...
Édouard, bébé Gabriel et Laure

Victor   né le 28 juillet 1915 à Maria. Décès le 31 octobre 1916, âgé d'un an (environ un mois après Gabriel). Inhumé au même endroit que ce dernier.

Benoît   né le 23 juillet 1916 à Maria
se marie le 4 janvier 1937 à Maria avec
Yvette Dion (Clovis et Héloïse LeBlanc). Divorcé.
Union de fait avec **Renée Dallaire-Falardeau** (Philippe Antoine et Albertine Philippon dit Picard de l'Ile d'Orléans), née à Québec le 18 mars 1920.

Ils ont 7 enfants.

Enfants de Benoît Babin et d'Yvette Dion

Yvon né le 30 avril 1938 à St–Conrad de Restigouche se marie le
9 octobre 1965 à Québec avec
Yvette Gauvreau (Marc et Gabrielle Roy)

Ils ont 3 enfants.

Enfants de Yvon et de Yvette Gauvreau

Nathalie   née le 27 février 1966 à Québec
se marie le 11 juillet 1987 à Charlesbourg avec
Pierre Dugal (Emile et Louise Joncas), né le 7 juillet 1962 à
Québec (paroisse St–Albert Legrand).

Ils ont 2 enfants.

Enfants de Nathalie et de Pierre Dugal

Maxime   né le 7 décembre 1988 à Québec

Valérie   née le 11 mai 1990 à Québec

Pierre   né le 17 septembre 1969 à Charlesbourg
se marie civilement le 6 mai 1991 à Montréal
religieusement le 10 août 1991 à Charlesbourg avec
Caroline Simard (Michel et Doris Allard)

Jean   né le 10 novembre 1976 à Charlesbourg.

Armand   né le 17 mai 1939 à Maria
se marie le 18 août 1962 à Québec avec
Micheline Beaulieu (Joseph et Adrienne Harrington). Pas d'enfant.

Armande   née le 13 octobre 1940 à St-Conrad de Restigouche
se marie le 11 juin 1966 à Québec avec
Jacques Côté (Victor et Yvonne Blais)
Ils habitent Neufchâtel (Québec)

Ils ont 3 enfants.

Enfants d'Armande et de Jacques Côté

Réjean   né le 24 avril 1969 à Québec
marié le 1er septembre 1990 à St-Aubert de l'Islet avec
Chantale St-Pierre (Raoul et Agnès Pelletier)
née le 1er janvier 1964 à St-Aubert de L'Islet.

Patrick   né le 24 novembre 1973 à Québec

Martine   née le 31 mars 1978 à Neufchâtel.

Marie-Ange née le 20 décembre 1941 à Maria

René-Clovis né le 2 mai 1944 à Maria
se marie en premières noces le 2 mai 1970 avec
Carmen Ratté. Divorcé

Enfant de René-Clovis et de Carmen Ratté

Sophie   née à Québec le 8 septembre 1971

se marie en secondes noces le 20 août 1982 avec
Lise LeSauteur (Alfred et Marguerite Bellemard).
Ils habitent Duberger (Québec)

Ils ont 2 enfants.

Enfants de René-Clovis et de Lise LeSauteur

Geneviève née le 20 juin 1983 à Québec

Catherine née le 12 janvier 1987 à Québec.

Denise née le 21 août 1945 à Dolbeau
se marie le 20 août 1966 à Québec avec
Lionel Drapeau (Lucien et Fernande Couture).
Divorcée

Ils ont 2 enfants.

Enfants de Denise et de Lionel Drapeau

Nancy née le 1er mars 1970 à Québec

Martin né le 20 décembre 1972 à Québec.

Marcel né le 10 janvier 1954 à Québec, fils adoptif
union de fait avec **Monique Verreault** (Gilles et
Rollande Thibault)

Ils ont 1 enfant.

Enfant de Marcel et de Monique Verreault

Josée née le 30 octobre 1985.

Claude né le 1er novembre 1917 à Maria
se marie le 24 juin 1944 à Carleton avec
Jeanne Boudreau (Wilbrod et Adeline Cormier)

Ils ont 5 enfants.

Enfants de Claude et de Jeanne Boudreau

Hélène   née le 29 avril 1945 à Carleton
se marie le 17 août 1974 à Montréal avec
Jack Otabé, Japonais, (Shoemon et Fuchi Noguchi).
Ils vivent à Ste-Foy.

Enfants d'Hélène et de Jack Otabé

Martin né le 3 décembre 1975 à Montréal

Michel né le 19 novembre 1979 à Ste-Foy.

Pierre-Paul   né le 1er mai 1946 à Carleton
se marie le 27 juin 1970 à Montréal avec
Louise Gauvin (Bertrand et Léone Pelletier)

Ils ont 2 enfants.

Enfants de Pierre Paul et de Louise Gauvin

Chantale née le 20 mai 1973 à Verdun

Mélanie née le 22 mai 1978 à Verdun.

Denyse   née le 24 mars 1947 à Carleton
se marie le 4 juillet 1970 à Montréal avec
André Royer (Antoine et Marguerite Robitaille).
Ils vivent à Varennes.

Ils ont 4 enfants.

Enfants de Denyse et d'André Royer

Sébastien né le 10 octobre 1972 à Montréal

Marie-Josée née le 24 novembre 1973 à Varennes. Décédée
le 24 février 1974

Caroline née le 9 avril 1976 à Varennes

Christine née le 28 septembre 1978 à Varennes.

Louise   née le 24 décembre 1948 à Carleton
se marie le 19 août 1972 à Carleton avec

Denis Marquis (Ulbéric et Simonne Cloutier)

Ils ont 2 enfants.

Enfants de Louise et de Denis Marquis

Hugo   né le 31 octobre 1978 à Rivière-du-Loup

Jean-Philippe né le 5 janvier 1982 à Rivière-du-Loup.

Nicole   née le 6 décembre 1955 à Maria
union de fait avec
Jean Le Bourdais (Guy des Iles-de-la-Madeleine et
Suzanne Poupart de Montréal), né à Montréal le 28 août 1959
Pas d'enfant. Elle vit à Québec.

Bernadette née le 27 mars 1919 à Maria
se marie le 27 novembre 1945 à St-Léon de Westmount avec
Jean-Jacques (James ou Jim) Bujold (Ignace et
Armande Bourdages)

Ils ont 4 enfants.

Enfants de Bernadette et de Jean-Jacques (James, Jim) Bujold

Odette née le 21 octobre 1946 à Montréal
se marie le 17 juillet 1970 avec
Jacques Beaulne (Roland et Georgette Turner)

Ils ont 3 enfants.

Enfants d'Odette et de Jacques Beaulne

Érick né le 4 janvier 1973 à Montréal

Stéphane né le 13 avril 1976 à Montréal

Anne-Marie née le 28 septembre 1977 à Montréal

Roland né le 9 avril 1949 à Montréal
se marie le 29 avril 1972 à Laval (Pontmain) avec
Marguerite Fradette (Gérard et Marcelle Morvan).
Divorcé

Ils ont 2 enfants.

Enfants de Roland et de Marguerite Fradette

Annie née le 30 décembre 1970 à Montréal

Catherine née le 16 août 1975 à Laval

Secondes noces, avec
Diane Fortin (Jean-Marc et Yvette Champigny)
le 7 décembre 1985 au Palais de Justice de St-Jérôme.

Paul   né le 4 mars 1952 à Montréal
se marie en août 1975 à Rigaud avec
Francine Dupras (Léo et Marie–Jeanne Guindon).
Pas d'enfant. Divorcé.

Daniel   né le 13 février 1962 à Montréal.

Eugène   né le 2 août 1920 à Maria
se marie le 25 juillet 1959 à Montréal avec
Madeleine Meunier (Arthur et Marie–Ange Ross)
Décédé le 23 mai 1970 à Montréal. Pas d'enfant.

Cécile   née le 26 décembre 1924 à Maria
se marie le 28 décembre 1957 avec
Hermann Côté (David et Evelina Desaulniers), né le 8 juin à St–Pierre–Joly
(Manitoba). Divorcée

Ils ont 3 enfants.

Enfants de Cécile et d'Hermann Côté

Julien   né le 21 mars 1959 à Le Pas (Manitoba)
se marie le 9 mai 1987 à Montréal avec
Cynthia Marcus (Raphaël et Josée Savaria)

Ils ont 1 enfant.

Enfant de Julien et de Cynthia Marcus

Émily   née le 27 avril 1990 à Montréal.

Lydia   née le 3 juin 1963 à Régina (Saskatchewan)
union de fait avec
Michel Perrier (Louis et Léonie Blais), né à Montréal le 16 août
1961

Zoé–Isabelle née le 11 mai 1967 à Amos

se marie en seconde noces le 15 avril 1987 au Palais de Justice à Laval avec
Alexandre Gil Mackenzie (Alexandre et May Williams).

Irénée (René) né le 30 décembre 1925 à Maria
se marie le 15 juillet 1950 à St-Quentin N.B. avec
Noëlla Bernier (Wilfrid et Cécile Desrosiers)

Ils ont 2 enfants.

Enfants d'Irénée et de Noëlla Bernier

Yves   né le 13 février 1953 à St-Quentin, N.B.
se marie le 24 mai à St-Michel de Wenworth avec
Denise Labbée (Paul et Pauline Papineau).
Divorcé

Ils ont 2 enfants.

Enfants d'Yves et de Denise Labbée

Eric

Paul

Denis   né le 17 octobre 1957 à Rivière-du-Loup
union de fait avec
Ginette Bourdeau (Yves et Monique Benny)

Ils ont 2 enfants.

Enfants de Denis et de Ginette Bourdeau

Catherine   née le 21 novembre 1982 au Sault-Ste-Marie, Ont.

Valérie   née 31 octobre 1984 au Sault-Ste-Marie, Ont.

Alma (Thérèse)   née le 26 novembre 1927 à Maria
se marie le 1er septembre 1956 à Montréal avec
Jean-Louis Chamberland (Joseph-Eugène et
Blanche Desrosiers)

Ils ont 2 enfants.

Enfants d'Alma (Thérèse) et de Jean–Louis Chamberland

Gilles   né le 16 janvier 1959 à Montréal
se marie le 9 août 1986 à St–Léonard avec
Josée Ratelle (Jean–Léo et Carmen Gervais)

Ils ont 1 enfant.

Enfant de Gilles et de Josée Ratelle

Joannie   née le 5 septembre 1989 à Laval (Vimont)

Nathalie née le 26 mars 1962 à Montréal
se marie le 21 juillet 1984 à St–Lin avec
Alain Pelletier (Roland et Margot Asselin). Séparée.

Ils ont 1 enfant.

Enfant de Nathalie et d'Alain Pelletier

Audrey   née le 4 août 1989 à Morin–Height.

Adrien   né le 17 juin 1929 à Maria
décédé le 5 juin 1962 à Montréal.

Delphis   né le 19 mars 1931 à Maria
se marie le 17 juillet 1954 à Saint–Mathieu de Montréal avec
Françoise Lauzon (Léon et Clarisse Filfe)

Ils ont 7 enfants.

Enfants de Delphis et de Françoise Lauzon

Louis   né le 16 août 1957 à Montréal
se marie le 15 juin 1978 au
Nouveau–Bordeau (Montréal) avec
Andrée de Repentigny (Paul et Monique Lafrenière)
divorcé en 1984

union de fait
Sylvie Castonguay (Henri et Elise Cardinal)

Ils ont 1 enfant.

Enfant de Louis et de Sylvie Castonguay

Fanny Castonguay-Babin née le 4 septembre 1991 à Montréal

Claire   née le 4 août 1958 à Montréal
se marie le 26 août 1978 à Laval (Bon Pasteur) avec
Richard Desroches (Raymond et Jacline Brunet)
divorcé en 1983. Pas d'enfant

Union de fait avec
Marcel Thériault (Gérard et Marthe Lavigne)
né le 6 février 1953 à Longueuil

Luc   né le 15 août 1959 à Montréal
se marie le 28 août 1982 à Laval (St-Claude) avec
Andrée Lanouette (Marc et Micheline Canac-Marquis)

Ils ont 1 enfant.

Enfant de Luc et d'Andrée Lanouette

Julien   né le 27 mai 1986 à Montréal

Marc   né le 15 août 1959 à Montréal
se marie le 7 avril 1979 à Montréal avec
Denise Bertrand (Lionel et Rollande Richard)
divorcé

Ils ont 2 enfants.

Enfants de Marc et de Denise Bertrand

Lucie   née le 27 septembre 1979 à Montréal

François   né le 22 juin 1981 à Montréal

Union de fait avec
Francine Saint-Jean (Philippe et Louise Papineau)

Ils ont 1 enfant.

Enfant de Marc et de Francine Saint-Jean

Louis   né le 20 mars 1992 à Montréal

André né le 5 octobre 1960 à Montréal
décédé le 12 octobre 1960

Gilbert né le 12 février 1964 à Montréal
se marie le 12 août 1989 avec
Louise David (Jean et Lucienne Lachance)
Pas d'enfant

Simon né le 13 octobre 1966 à Montréal.

N.B.: En mars 1992, la descendance d'Alexis-Joachim Babin et de Lydia Bugeaud compte:
13 enfants
29 petits-enfants
38 arrières-petits enfants
2 arrières-arrières-petits enfants.

Généalogie des Babin

Nos parents:
Lydia Bugeaud et Alexis-Joachim Babin

DIOCÈSE DE GASPÉ

CERTIFICAT DE NAISSANCE ET DE BAPTÊME

PAROISSE DE ___STE-BRIGITTE-de-MARIA, Cté de Bonaventure, Qué CANADA.___

Le présent certificat mentionne les éléments principaux d'un acte apparaissant aux registres de cette paroisse.
On peut obtenir également une copie entière et littérale de cet acte.

Le soussigné certifie que selon ce qui est inscrit aux registres de cette paroisse

......MARIE-BERNADETTE BABIN,......

tous les prénoms puis le nom

fil **le** de Alexis-Joachim Babin,......

et de...... Lydia Bujold,......

est né **e** à MARIA, Qué.

municipalité (province, pays)

le **vingt-sept mars,**...... mil neuf cent **dix-neuf,**......

jour et mois en lettres en lettres

et a été baptisé**e** le **vingt-huit mars,**...... mil neuf cent **dix-neuf.**......

jour et mois en lettres en lettres

selon les rites de l'Eglise catholique romaine.

Certificat émis à ......MARIA, Qué.......

municipalité

le......**24 août, 1977.**...... _____, prêtre

dépositaire des registres d'état civil et religieux
(art. 44 du Code civil — Can. 1813, § 1, 4e du C.I.C.)

SCEAU DE
LA PAROISSE

P.-E. Lamarre, ptre, curé.

AVIS A CELUI QUI Le certificat peut être délivré avec ou sans cette partie détachable. Cependant, lorsque cette partie est délivrée
ÉMET LE CERTIFICAT ➤ avec le certificat, *elle doit toujours être remplie et signée.*

┌─── MENTION DE LA PRÉSENCE OU DE L'ABSENCE D'ANNOTATIONS À L'ACTE DE BAPTÊME ───┐

L'acte ne comporte pas d'annotation de confirmation ☐ | L'acte ne comporte pas d'annotation de mariage ☐

L'acte comporte l'annotation suivante: | L'acte comporte l'annotation suivante:

A été confirmée (e) | A épousé **Jean-Jacques(James) Bujold,**

le ......**30 juin,**...... 19 **31,** | le ......**27 novembre,**...... 19**45,**

date | date

à ......**MARIA, Qué.**...... | à ......**ST-LEON-de-Wesmount, Qué.**......

paroisse | paroisse

.... | ....

municipalité (province, pays) | municipalité (province, pays)

L'acte comporte une autre annotation, que nous mentionnons au verso de cette feuille ☐

_____, prêtre

signature du dépositaire des registres

ALBUM DE FAMILLE

- **Entre frères et soeurs**

- **Avec leur famille**

    - Edouard
    - Benoît
    - Claude
    - Bernadette
    - Cécile
    - Irenée (René)
    - Alma
    - Delphis

E
N
T
R
E

ET

1932
Eugène et Adrien, nos frères
dans notre parterre de fleurs en
avant de la maison à Maria

FRERES

SOEURS

1938
Claude et moi devant notre
maison familiale à Maria

1990
Frères et soeurs: Delphis, moi, Alma, Benoît et Cécile
à St-Michel de Wentworth où résident Delphis et Françoise

1990
Quelques-uns d'entre nous: Edouard, Alma, moi, René et Cécile,
en visite à Lachenaie chez Odette, ma fille

Edouard et son chien, nous,
les jeunes, on se questionnait
à savoir si le chien était vivant ou...

Une partie de "cribbage" avec
de gauche à droite: Delphis Babin et Blanche Forest
(épouse d'Édouard), Édouard Babin et, Alma Babin-Chamberland

Benoît et sa compagne
Renée Falardeau

Nathalie, Jean et Pierre
Enfants d'Yvon Babin et
d'Yvette Gauvreau

Nathalie Babin, fille d'Yvon et
d'Yvette Gauvreau
mariée avec Pierre Duval
le 11 juillet 1987 à Charlesbourg

Nicole Babin âgée de 7 mois
fille de Claude et de
Jeanne Boudreau

Nicole Babin, 3 ans, fille de
Claude et de Jeanne Boudreau

24 juin 1984
Famille de Claude Babin et Jeanne Boudreau
de gauche à droite: Louise, Denyse, Nicole
Jeanne, Claude, Hélène et Pierre-Paul

novembre 1945
Moi-même au Parc Lafontaine
avec mon mari Jean-Jacques
(Jim) Bujold

Eugénie Boudreau-Jeté
ma marraine

1985
Mes enfants: de gauche à droite Daniel, Roland, Odette et Paul

1986 – Nos petits enfants
1ère rangée: Stéphane et Eric Beaulne
2e rangée: Catherine Bujold, Jean-Jacques et moi,
Anne-Marie Beaulne et Annie Bujold

Odette Bujold, fille de
Jean-Jacques Bujold et de
Bernadette Babin, mariée avec
Jacques Beaulne
le 17 juillet 1970

Roland Bujold, fils de
Jean-Jacques et de
Bernadette Babin
marié le 7 décembre 1986 à
St-Jérôme avec Diane Fortin

1988
Bernadette Babin et Jean-Jacques Bujold

1985
Cécile Babin et son conjoint
Gil Mackenzie

1986
Lydia et Zoé-Isabelle Côté
filles d'Hermann et de
Cécile Babin

1986
Julien Côté et son épouse Cynthia Marcus

Irenée (René) Babin âgé de 8 mois
en arrière-plan le "tambour"

Irenée (René) Babin et
son épouse Noëlla Bernier

Valérie et Catherine Babin
enfants de Denis Babin et
Ginette Bourdeau

Yves et Denis Babin
enfants d'Irénée (René) et
de Noëlla Bernier

Marie-Thérèse Alma Babin
notre soeur mariée à
Jean-Louis Chamberland

Nathalie Chamberland, fille de
Jean-Louis Chamberland et de
Marie-Thérèse Alma Babin
mariage le 21 juillet 1984
avec Alain Pelletier

Gilles Chamberland, fils de
Jean-Louis Chamberland et de
Marie-Thérèse Alma Babin
mariage le 9 août 1986
avec Josée Ratelle

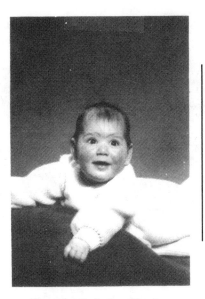

Audrey Pelletier, fille de
Nathalie Chamberland et
d'Alain Pelletier

Joannie Chamberland, fille de
Gilles et de Josée Ratelle

Les enfants de Delphis Babin et de Françoise Lauzon
de gauche à droite: Simon, Gilbert, les jumeaux Marc et Luc
deuxième rangée: Louis et Claire

Juillet 1988 – Luc Babin, mon filleul
fils de Delphis Babin et
de Françoise Lauzon
marié à Andrée Lanouette

Au fil de nos souvenances

Bernadette Babin-Bujold

DEUXIÈME PARTIE

* * *

DEUXIÈME PARTIE

AU FIL DE NOS SOUVENANCES

MÉMOIRE VIVANTE DE NOTRE PERE: ALEXIS-JOACHIM BABIN

Le 30 mars 1885, Alexis-Joachim Babin naissait dans la paroisse de Saint-Bonaventure dans la Baie-des-Chaleurs, de père et de mère: Alexis et Marcelline Arsenault.

Alexis-Joachim, surnommé Alex, vécut son enfance à Bonaventure-Est. Son père, Alexis était cultivateur. «Un gros cultivateur, le bonhomme Craig», comme disait Rodolphe Poirier, l'un de ses voisins.

Il avait quatorze ans lorsque celui qui deviendra notre père perdit l'avant-bras gauche par un geste maladroit dans le maniement du «tracheur», nom que l'on donnait au moulin à battre le grain. Serait-ce plutôt par un malheureux hasard alors qu'il jouait avec des camarades? Cette infirmité le mena aux études loin des travaux de la ferme. Il joignit les enfants de parents aisés grâce à un mécène M. R.N. LeBlanc[1], lui-même manchot[2], père de l'abbé J. LeBlanc, et obtint son brevet d'Enseignement Supérieur. Alexis-Joachim exercera sa profession pendant deux ans à St-Jules de Maria.

Après son mariage survenu le 14 juin 1910 à Bonaventure avec Marie-Zoé-Lydia (Lédia) Bugeaud, il abandonne l'enseignement. Il deviendra chef de gare à Maria où il était aimé et respecté de tous parce qu'il était serviable. Je me rappelle fort bien qu'il travaillait souvent en dehors des heures régulières sur semaine et surtout le dimanche pour accommoder les gens éloignés du village, occupés durant le jour aux travaux de la ferme.

Après tant de dévouement auprès de sa famille et du public de Maria, Alexis-Joachim, suite à une longue maladie, meurt à Québec, le 18 décembre 1940. Il sera inhumé dans la partie du «vieux» cimetière de la paroisse de Sainte-Brigitte de Maria. Nous retrouvons sa pierre tombale dans le lot de famille près de nos deux jeunes frères, Gabriel et Victor, décédés en bas âge.

---

[1]Robert Napoléon LeBlanc, né aux Caps-Noirs, marié à Sarah Kearney, est décédé le 23 octobre 1918, âgé de 60 ans de la grippe espagnole. R. N. LeBlanc était l'un des riches du village de Bonaventure. Il possédait un magasin général, sis en face du Vieux Couvent, un moulin à scie et était propriétaire de l'hôtel «Le Château Blanc».

[2]Selon Lévis Babin de Bonaventure.

Alexis–Joachim Babin, notre père était le septième enfant d'Alexis et de Marcelline Arsenault. Il vécut son enfance avec ses parents à Bonaventure–Est sur la terre ancestrale défrichée par Ambroise Babin, le pionnier acadien arrivé à Bonaventure vers 1760.

Après avoir fréquenté l'école primaire de son village, Alexis–Joachim Babin se rendra à Québec, à l'École Normale de Laval, et obtiendra son brevet d'enseignement. Comme je l'ai déjà mentionné, notre père, suite à un malheureux accident survenu alors qu'il était encore adolescent, devint manchot. Dès ce moment, cultiver la terre était impensable. Il lui fallait trouver un autre métier. Ce fut celui de chef de gare. Mais à nos yeux d'enfants, notre père était avant tout un conteur, un merveilleux conteur. Il avait l'habitude de nous raconter des histoires. Il nous parlait du peuple acadien, nous entretenait de la vie d'hommes remarquables comme Sir Wilfrid Laurier, l'abbé Casgrain, Mackenzie King et qui encore. Chose curieuse, chaque fois il terminait ses récits par quelques *Contes des Mille et Une Nuits*. Il en savait un si grand nombre qu'il aurait sûrement pu nous en narrer pendant mille et une nuits.

Des fortes impressions que j'ai gardées des histoires de mon père, et qui ont laissé leurs marques sur ma vie toute entière, il en est une, celle d'Évangéline et de son Gabriel. Ce récit servira un jour à reconnaître mon appartenance acadienne. Les sentiments déposés en moi, dès mon enfance, par mon père me confirmeront dans ma démarche sur les recherches concernant l'origine de mes ancêtres. Adulte, combien de fois

Alexis–Joachim Babin et notre soeur aînée Laure, âgée de 5 ans

146

je me reprocherai d'avoir tant attendu avant d'accorder à cette tragédie de la Déportation toute l'importance qu'elle avait véritablement. Je le réalise aujourd'hui. Quelle fascination de découvrir peu à peu ces ancêtres, leurs coutumes, leurs moeurs et les lieux qu'ils ont habités! Mais sans être particulièrement épris de généalogie, je me souviens que nous prêtions une oreille attentive aux passionnants récits de notre père sur nos origines. Nous sommes tous conscients aujourd'hui de ce précieux héritage qu'il nous a laissé.

Notre père avait une conception claire, simple et parfaitement définie du but de la vie. Il nous disait souvent que le plus cher désir de tout être humain devait être celui de conquérir sa liberté intérieure et se préparer ainsi une heureuse vieillesse. Il fallait dès l'enfance, et jusqu'à l'âge adulte, acquérir les éléments qui permettent d'obéir sans faiblesse aux quatre commandements suivants: aimer ses parents, se garder pur, être courtois envers tous et chacun, riches ou pauvres, amis ou ennemis, de quelque race ou religion que ce soit tout en demeurant libre et méfiant envers autrui. Enfin, aimer le travail pour lui-même et non pour le gain.

Mon père exerça une grande influence sur moi. Il fut mon premier professeur. J'avais six ans; l'âge d'entrer au cours préparatoire mais l'école du village était si éloignée de la maison que chaque avant-midi j'allais le retrouver à la gare pour apprendre les éléments de lecture, de calcul et d'histoire. L'année suivante, je me joignais à mes frères à l'école Modèle.

Vers les années 1929, la compagnie de chemin de fer LE QUÉBEC ORIENTAL fut vendue au CANADIEN NATIONAL. La transaction provoqua un chambardement dans les responsabilités attribuées au personnel. Mon père ne sut s'adapter à la nouvelle situation. Il opta pour la fuite. – «Femme, dit-il un bon matin, je pars en vacances.» Avec sa passe d'employé de chemin de fer, il disparaissait vers une destination inconnue. Pendant des jours et des mois, sans nouvelles de lui, ma mère se mourait d'inquiétude. Et nous, au retour de l'école, nous la cherchions. Où était-elle? Dans sa chambre, porte fermée, à sangloter, étendue sur son lit. Son mari l'avait abondonnée enceinte pour courir les espaces perdus. Chose surprenante à nos yeux, elle si active dans sa boutique de chapeaux, se cachait pour pleurer. Que se passait-il? Dans nos têtes d'enfants, nous sentions, tout angoissés, qu'un plus grand malheur fondrait bientôt sur nous. Mais papa réapparaissait pour nous apprendre qu'il avait rendu visite à sa soeur Maria qui habitait Berlin dans le New-Hampshire. Le lendemain, sans dire un mot, il sautait de nouveau

Maria, soeur de papa

dans le train. Cette fois, la raison serait bonne: il comblerait un vieux désir, celui d'aller saluer son frère Fred dans l'Ouest canadien. Or cet homme habitait Montréal depuis des années. S'inquiétait-il de conserver son emploi? Pas le moins du monde puisque Fabert Gauvreau, l'un des suppléants, le remplacerait. Mais où donc trouvait-il l'argent puisque la compagnie ne payait que les vraies vacances? A l'insu de sa femme, il avait retiré de la Caisse populaire du village ses minces économies. De plus il avait emprunté la rondelette somme de 100$; ce qui démontrait un comportement extravagant. Après quelques mois de vagabondage et d'agissements curieux, les autorités municipales décidèrent qu'il serait interné. Un après-midi, alors que je revenais des Vêpres, je vis trois hommes qui tentaient de retenir mon père à l'intérieur d'une voiture noire. Comme un vulgaire criminel, ils lui attachèrent les mains derrière le dos tellement il se débattait pour s'échapper. Où le conduisaient-ils? A Québec où il serait interné dans l'aile psychiatrique. Ce fut sur cette vision que mon père disparut à mes yeux. Le jour de son

148

hospitalisation, j'avais douze ans. Je crois qu'à ce moment précis je venais de perdre définitivement mon père. Quant à la dette contractée à la Caisse populaire, et malgré le refus du directeur, ma mère se fit un devoir de la rembourser sou par sou. Voulait-elle libérer la conscience de son mari ou se prouver à elle-même et à tout le village que nous étions des gens honnêtes? Longtemps, pour atténuer sa peine peut-être, elle répétait à qui voulait l'entendre: «J'ai eu vingt-et-un ans de vie heureuse avec mon Alex et je sais que sa maladie n'est pas due au tabac, à l'alcool et aux femmes. Il était mon homme à moi seule et j'en remercie le Bon Dieu!»

Désormais privée du salaire de son mari, ma mère se vit dans l'obligation de trouver une autre source de revenus car son commerce de chapeaux ne pouvait subvenir aux besoins d'une famille qui comptait alors onze enfants. Elle obtint la responsabilité de la gare de Maria qu'elle confia à son fils Claude. Il avait quinze ans à peine. Bien que je n'étais qu'une gamine à cette époque, je me souviens de la vie de notre famille jusque dans ses moindres détails. Je me rappelle surtout la sérénité et le détachement que manifestait ma mère devant les malheurs qui s'abattaient sur nous tous. Voilà bien la raison pour laquelle il régnait dans notre foyer, même lorsque nous manquions de tout, une extraordinaire atmosphère de concorde, d'amour et de désir de nous entraider. Aux heures les plus angoissantes, nous puisions dans la prière la source de courage qui alimentait en nous la force constante de tendre vers le bonheur familial.

Mais revenons à mon père. Je ne saurais taire sa manière de concevoir l'au-delà. Profondément chrétien, il croyait avec fermeté à l'âme immortelle qui, détachée de ce corps charnel, ira recevoir le prix de ses bonnes ou mauvaises actions. C'est là sans doute pourquoi, si tôt chaque matin, il nous tirait du lit à l'heure où le sommeil des enfants paraît tellement doux, pour nous envoyer à la messe de l'église paroissiale. Si nous tentions d'opposer la moindre résistance, jamais il ne reculait d'un pouce. Malgré sa grande bonté

149

et son amour pour nous, il n'hésitait pas à nous arracher à notre confort, et cela sans merci. Après son départ de la maison, ma mère conserva cette pratique de la messe matinale et quotidienne. Combien de fois, par la suite, me suis-je souvenue de ces moments-là. Je remerciais mes parents de tout mon être car jamais je n'aurais su autrement surmonter les innombrables difficultés de ma vie conjugale et de mère responsable de l'éducation de mes propres enfants.

Pauvre père! Ce qu'il a dû souffrir durant les dix années de son hospitalisation, éloigné de sa famille et surtout de celle qu'il se plaisait à appeler *femme*. Nous, jeunes et écervelés, nous préférions le savoir loin de nous. Nos petits voisins et nos compagnons de jeux ne se gênaient pas, aux cours de querelles mesquines, de nous crier avec cette méchanceté propre à l'enfance: *«ton père est fou... ton père est fou!»* Dans ces moments pénibles, la confiance et le respect dus à l'autorité paternelle se voyaient fort ébranlés malgré l'amour que nous lui portions. Mais j'étais si petite à l'époque, j'ai peut-être imaginé tout cela.

Aux premiers et courts séjours qu'il passait à la maison, mon père aurait souhaité reprendre son métier de chef de gare. Sans vouloir le blesser, ma mère lui laissait entendre que ce n'était plus sa besogne et que son fils Claude savait se débrouiller seul. Que faire alors pour se rendre utile et tromper l'ennui? Il me semble voir papa balayer le plancher de la cuisine, tenant le manche du balai de sa main droite tout en l'appuyant sur le moignon de son bras gauche. Parfois il réparait les chaises branlantes en les solidifiant avec des bouts de broche à foin. Cela l'amusait alors que moi, de le voir ainsi, me faisait souffrir de honte. Je me disais: *«Est-ce parce qu'il est fou... qu'il agit ainsi?»* Je surveillais ses moindres gestes et les analysais dans ma tête d'adolescente. J'avais toujours peur qu'une nouvelle crise de folie surgisse. Je guettais ses réactions comme on le faisait autrefois envers les épileptiques. Aujourd'hui un tel comportement serait dépisté et traité par des spécialistes qui n'ordonneraient pas, à coup sûr, l'internement.

De notre père nous n'avons aucun document alors que je conserve précieusement les poèmes manuscrits de ma mère. Cependant, nous gardons tous en mémoire sa grande tendresse envers nous et les principes d'éducation qu'il cherchait à nous inculquer. A ce propos, Claude se rappelait le voyage en train qu'il avait fait à Montréal avec son père. Ensemble, ils avaient visité le parc Lafontaine avec sa fontaine lumineuse, le Château Ramsay, l'Oratoire Saint-Joseph, l'église Notre-Dame, les magasins 5-10-15 de la rue Sainte-Catherine. – «Papa se faisait un plaisir de répondre calmement à chacune des questions que je lui posais sur les lieux où il me conduisait. J'étais fier de mon père qui travaillait au CN. Quand je revenais à Maria, j'épatais les garçons des alentours, eux qui n'avaient jamais dépassé les limites de la paroisse. Pour les besoins de la cause, je ne me privais pas d'inventer des aventures que j'aurais voulu vivre. J'avais l'imagination fertile et ça ne me gênait pas de passer pour un menteur. Moi, j'avais vu Montréal avec ses maisons éclairées à l'électricité et chauffées au charbon alors qu'à Maria on en était encore à l'ère de la lampe à huile et au poêle à bois. Après les heures de classe, mon père m'enseignait les rudiments de chef de gare ce qui me permettra de le remplacer. Il avait su m'apprendre comment gagner ma vie.»

Et René, l'un des frères, me disait: «Papa n'avait pas son pareil comme conteur. C'était pour lui une autre façon de nous éduquer, semblait-il. Eh oui! Qui dans son enfance n'a pas demandé à son père ou à sa mère de lui raconter une histoire pour retarder le sommeil ou tout simplement pour s'endormir au pays enchanteur du rêve? Alex savait faire durer le suspense. Il nous laissait entrevoir que le héros ou l'héroïne était toujours puni s'il dérogeait à l'ordre établi, comme parler à des mystérieux personnages rencontrés sur la route ou dans le bois. A ce moment-là, le Petit Chaperon Rouge était son exemple frappant. Il prétendait que les contes, les fables, les récits merveilleux, les livres et, surtout la musique avaient pour fonction de nous charmer tout en nous enseignant que la vie peut être comblée de joies si on sait les reconnaître et les apprécier. Les peines... viendront toujours assez vite.»

Rendu à un âge avancé, Benoît, l'un des aînés, se rappelle avec une certaine culpabilité qu'étant adolescent, il aimait jouer des tours pendables. Notre père ne les prisait pas tout le temps. En voici un échantillon: au premier étage de notre maison, s'alignaient les chambres à coucher. Les garçons occupaient la plus vaste qui servait de dortoir à Edouard, Benoît, Claude et Eugène. Ils étaient couchés sur de vrais matelas et non sur des paillasses. La tête et le pied de leurs grands lits étaient surmontés de poteaux de fer terminés par une boule de cuivre où étaient suspendus le linge, les tireroches, genre de slingshots, la bouteille d'eau bénite et... quoi encore. «Vite, prenez de l'eau bénite, le Diable passe», nous criait Benoît de bord en bord de l'étage, le soir au coucher. Et nous, les peureux, nous décrochions la bouteille pour s'y tremper le bout des doigts avant de faire le signe de la croix qui, selon la légende, chasserait le Démon au fond des enfers.

Or, durant les chaudes soirées d'été, l'air devenait irrespirable dans cette chambre malgré deux grandes fenêtres ouvertes. Le sommeil tardait à venir. Un soir, les garçons se permirent de faire du chahut. Les oreillers se promenaient d'un lit à l'autre. De la chambre des parents, notre père leur criait de cesser ce tapage et de dormir. Rien n'y fit. Les éclats de rire fusaient d'un bord à l'autre de la chambre.

Alex était lent à la colère, mais cette fois-là, ce fut une fois de trop. Elle éclata. Saisissant l'une de ses chaussures, il se dirigea vers le dortoir. Arrachant la moustiquaire à l'une des fenêtres, Benoît bloqua la porte et voulut lui barrer le chemin. Mon père trébucha dans l'obscurité; ce qui augmenta sa colère. Se relevant, il s'avançait vers le lit et de son seul bras vengeur, il voulut frapper les fauteurs de trouble cachés sous le lit. Sans lumière, la lampe à huile obligatoirement éteinte depuis le coucher, il ne se rendait pas compte qu'il donnait des coups de soulier dans le vide. Le visage plein d'ecchymoses, Alex retourna se coucher. Le lendemain matin, les garçons recevaient une bonne semonce. «Pauvre père! me dit aujourd'hui Benoît. Je regrette de lui avoir causé tant de problèmes. J'étais jeune et pas toujours conscient de mes actes. J'espère qu'il me pardonne.»

Ce n'est pas sans douleur que je vis l'opéra de NELLIGAN à Montréal. Les émotions sont venues m'assaillir comme des dragons et me nouer la gorge au point d'en être étouffée. Dans Nelligan âgé hospitalisé dans l'aile psychiatrique de Saint-Jean-de-Dieu, il me semblait revoir mon père avec toutes ses souffrances endurées dans la solitude, emmuré par la maladie et sa tête qui voulait éclater. Loin de sa Lydia aimée et de ses enfants pendant ces dix longues années d'internement entrecoupées par quelques mois de visites à la maison, ce n'était plus le père de notre enfance. L'âge ingrat, s'il y en a un. Trop jeunes pour faire la différence et trop vieux pour raisonner comme des enfants! Se sentait-il rejeté par les siens, ce pauvre père?

Delphis, le benjamin, naquit quelques mois après le départ de notre père pour l'hopital. Je me souviendrai toujours de cette nuit du 19 mars 1931. Maman accouchait cette nuit-là. J'avais douze ans. Comme c'était la coutume, les enfants ne restaient pas à la maison durant l'événement. J'avais voulu demeurer près d'elle parce que je la sentais si seule. J'avais peur qu'elle meure même si je la savais si courageuse. Elle m'embrassa et me dit d'accompagner mes frères et soeurs chez tante Alcida, sa soeur, sa voisine. Au même moment, le docteur Lucier arrivait accompagné d'une vieille dame, une connaissance de maman. Je partis soulagée et rassurée. Pauvre papa! Il écrivait régulièrement à maman. Ses lettres faisaient le tour de la maisonnée. Après la naissance de Delphis, comme à l'habitude, la missive de son mari arriva mais, Lydia ne nous permit pas de la lire. Curieuse comme toujours, je la dérobai et la lue en cachette. Que de tendresse sensuelle elle contenait! Pour une enfant de douze

153

ans, c'était presque de la pornographie! Je compris beaucoup plus tard ce que maman a dû pleurer à la lecture de ce beau message d'amour. Papa lui disait qu'il aurait tant désiré être à ses côtés pendant l'accouchement et l'entourer de ses bons soins tout comme il l'avait fait pour les douze autres enfants. Ils s'aimaient, ces deux-là, comme s'aiment des amants!

***

Âgé d'un peu plus de cinquante-cinq ans, à la suite d'une pneumonie, notre père décédait à Québec le 18 décembre 1940. Notre mère, la courageuse Lydia, était allée réclamer la dépouille mortelle afin de la ramener chez-nous. Elle fut enterrée dans notre lot de famille près de l'ancienne église de notre paroisse, Sainte-Brigitte de Maria.

Ancienne église de Maria dont le clocher est tombé par un fort coup de vent en novembre 1936

154

René, notre frère cadet, commis à la gare à cette époque, me disait dernièrement qu'il conserve en lui la sortie du cercueil du wagon à bagages. En pensant à papa, il ajoutait qu'il en a encore le coeur à l'envers. Sa mémoire restera toujours vivante en nous et nous savons que la mort n'est pas la fin de tout puisqu'il y a le souvenir. Notre père était une partie de nous tous et une partie de chacun de nous est morte avec lui. Le seul héritage qu'il nous a laissé est exemple de ses vertus.

Pierre tombale

Notre mère Lydia Bugeaud–Babin,
grand–père Babin, Alexis "Craig"
tante Célestine Babin, soeur de papa
et Édouard, notre frère aîné

1. **Alexis (Craig) Babin**
    père d'Alexis–Joachim
    né le 4 août 1848
    marié le 25 janvier 1875 à
    Marcelline Arsenault
    décédé à Montréal en 1930
    chez tante Irène (Rosemont, Montréal)

2. **Tante Célestine**
    née le 28 mai 1877, mariée à Télesphore Renaud
    morte brûlée à Montréal

3. **Edouard**
    qui fréquentait l'Institut des Aveugles
    à Montréal

4. **Lydia Bugeaud–Babin**
    notre mère

Extrait du registre des mariages de la paroisse de St-Bonaventure
Alexis Babin et Marcelline Arsenault

EXTRAIT du registre des baptêmes, mariages et sépultures de la paroisse de St-Bonaventure, comté de Bonaventure, province de Québec, Canada.

pour l'année mil huit cent quatre-vingt-cinq.

LE trente-et-un mars mil huit cent quatre-vingt-cinq, nous prêtre, curé soussigné,

B-19.

Babin,
Alexis-Joachin.

S'est marié la 14 juin
1910 avec Marie Lydia
Bujold.

de cette paroisse, avons baptisé Alexis-Joachin, né la

veille, fils légitime de Alexis Babin, cultivateur et de

Marcelline Arsenault de cette paroisse. Parrain: Alexandre

Babin, de Polydore Babin; marraine: Marguerite Mauger

épouse de Luc Gauthier. Le parrain et le père ont signé

avec nous, la marraine n'a su signer. Lecture faite.

Alexandre Babin.

Alexis Babin.

P.N. Thivierge, curé, PTRE

Lequel extrait nous, soussigné, curé de St-Bonaventure, certifions
être conforme au Régistre original, déposé dans les archives de
la fabrique de la dite paroisse.

St-Bonaventure, le quinze du mois de août

mil neuf cent soixante-douze.

Gilbert Desrosiers Ptre
curé

B. 19.
Alexis Joachim
Babin.

S'est marié le 14 juin
1910, avec Marie Lydia
Buford.

Le trente-un mars mil huit cent quatre-vingt-cinq, nous Prêtre sous-signé, curé de cette paroisse, avons baptisé Alexis Joachim, né la veille, fils légitime de Alexis Babin, cultivateur, et de Celline Arsenault de cette paroisse. Parrain Alexandre Babin, fils de Polycarpe Babin, Marraine Marguerite Manger, épouse Luc Gauthier. Le parrain et le père ont signé avec la marraine n'a su signer. Lecture faite.

Alexandre Babin
Alexis Babin
P. N. Thivierge
curé

S. 25.
R. N. LeBlanc
(60)

Sept mois + douze
jours. J. E. M. Pr.

Le vingt trois octobre mil neuf cent dix-huit, nous prêtre coussigné, avons inhumé, dans le cimetière de cette paroisse, le corps de Robert Napoléon LeBlanc, industriel, époux de Sarah Ellen Kearney, décédé le vingt du courant en cette paroisse, âgé de soixante ans. Étaient présents Maurice LeBlanc, Josselin LeBlanc + un grand nombre de parents + d'amis dont quelques uns ont signé avec nous. Lecture faite.

J. Ph. Huot ptre
andré Boindage
Ls Jos Lavoie Prêtre
J. E. Matte pr
Curé de St-Bon...

Cent cinquante neuvième ~~feuillet~~ 159

317

M. 3.

Alexis Babin
&
Marcelline Arsenault

Les vingt-cinq Janvier mil huit cent
soixante-quinze, après la publication de
trois bans de mariage faits aux prônes de
nos messes paroissiales, et vu la dispense du
troisième au quatrième degré de consangui-
nité accordée par le Révérend Messire
Pierre Joseph Soucier, Vicaire-Forain,
en date du treize Janvier courant, entre
Alexis Babin, fils majeur du défunt Alexandre
Babin et de Virginie Gauthier de cette
paroisse d'une part; et Marcelline
Arsenault, domiciliée en cette paroisse,
fille majeure de Grégoire Arsenault
et de Reine Normandeau de la paroisse
de St Charles de Caplan d'autre part;
et ne s'étant découvert aucun autre empê-
chement au dit mariage, Nous Prêtre soussigné curé de cette paroisse, avons reçu leur
mutuel consentement de mariage et leur avons
donné la bénédiction nuptiale en présence de
Lévi Poirier, cousin de l'Épouse soussigné, et de
Polycarpe Babin, frère de l'Époux soussigné
ainsi que l'Épouse et Lévi Poirier —

Marcelline Arsenaux
Alexis Babin
Lévi Poirier
P. N. Thivierge, Ptre

De gauche à droite: (en haut)
Frédérich (Fred) Babin, Marie-Reine Babin
(frère et soeur de notre père),
Pierre Despard époux de Marie-Reine Babin
Les enfants: Gilles Bernard, un voisin, Pierrette Despard
Marielle et Robert Babin, Germaine Despard

Famille de l'oncle Fred et tante Léonie
Marielle, Robert et Stella
Ils vécurent dans le quartier Rosemont

25 décembre 1956
La soeur cadette de notre père
Marie-Anne (Maria) Babin et son mari
Alfred Bujold (à Come). Ils vécurent à
Berlin dans le New-Hampshire, U.S.A.

Alviné ou Alvina Babin, l'une des filles
de Bonaventure Babin, frère de notre
père avec sa petite-fille

MÉMOIRE VIVANTE DE NOTRE MÈRE, LYDIA (LÉDIA) BUGEAUD-BABIN

Quand j'étais enfant, j'aimais parler avec notre mère, Lydia. Toujours, elle savait apporter une réponse à mes nombreuses interrogations, même les plus saugrenues. Je devais parfois l'embarrasser car elle me trouvait «tannante» et me traitait de petite curieuse. Un jour, je l'ai pourtant entendue dire à notre père: «Elle est intelligente, cette Bernadette! Elle m'étonne quand je jase avec elle.» Ma curiosité était tout de même intéressée et déjà sans le savoir, je montrais un goût marqué pour la généalogie et les ancêtres acadiens m'intriguaient. Arrivée à l'âge adulte, j'ai voulu satisfaire cet appétit de l'EMPREMIER* par des cours de généalogie à l'Université de Montréal.

Lydia et moi étions très liées. Elle était ma confidente. Je n'avais aucun secret pour elle. Après avoir quitté mon village de Maria pour aller gagner ma vie dans les écoles de rang, je lui écrivais chaque semaine. Je ne devais pas manquer à cette habitude établie entre nous car elle aurait su me le reprocher autrement.

Je veux livrer ici, au fil de mes souvenances, certains entretiens que j'avais ou que j'aurais voulu avoir avec notre mère. Le but de nos conversations était d'élargir ma compréhension sur la vie de Lydia comme épouse et mère. Chaque fois que je lui donne la parole, j'en garantis l'authenticité.

– Maman, parlez-moi d'EMPREMIER!

EMPREMIER! EMPREMIER! mot magique qui trottait dans ma tête d'enfant. «EMPREMIER, c'était comme ci. EMPRE-MIER, c'était comme ça. La farine, la mélasse, le sucre, tout se vendait meilleur marché. La vie était plus facile,» répétait souvent notre mère.

Ce mot étonnant mystérieux faisait miroiter dans ma petite cervelle, tout un monde de phantasmes, d'illusions et de rêves. Que j'avais donc hâte d'arriver à cette époque merveilleuse, l'EMPRE-MIER! Quand j'entendais les adultes énoncer leurs propos si nostalgiques sur les temps anciens où toutes choses étaient à leur place et chacun à son rang, c'était vraiment me donner le goût de vivre EM-PREMIER.

– Que veux-tu savoir d'autrefois, petite curieuse?

– J'aimerais vous entendre me raconter toute votre enfance. Je sais que votre mère s'appelait Zoé Caissy et que votre père se nommait Simon Bugeaud. Vous êtes née le 17 novembre 1885 et vous êtes l'aînée de la famille. Mais votre tendre enfance... elle?

– Aussi bien tout te dire puisque tu y tiens. D'ailleurs, je n'ai rien à te cacher.

– Et puis... vos parents?

– Après leur mariage à Bonaventure, le 20 janvier 1885, mes parents sont allés demeurer chez la soeur de papa et son mari Pierre Roy. Puisqu'ils n'avaient pas d'enfants, ils voulaient se don-ner* à mes parents. Ils possédaient du bien*; ce qui pouvait être avantageux pour des nouveaux mariés. Après quelques mois de cohabitation, la situation était devenu intenable. La belle-soeur Marie était souvent malade et très capricieuse. Enceinte de moi, ma mère retourna vivre chez ses parents, Joseph Caissy et Angélique Lava à Bonaventure-Ouest, pendant que mon père Simon partait pêcher sur la Côte-Nord. A son retour à l'automne, ils iront s'installer sur une terre de colonisation à Thivierge[1], derrière le village de Bonaventure. Un an après ma naissance, ma mère accouchait d'une deuxième fille, Gertrude-Alma, née le 4 juin 1887. Tante Marie est venue à la maison pour me prendre avec elle pendant quelques mois afin de soulager ma mère. L'offre de la tante tombait à point car en plus de sa besogne à la maison, ma mère devait donner un coup de main à son mari pour essoucher son lot de colonisation.

– Etes-vous restée longtemps chez la tante Marie?

– Sept ans, ma fille! La tante adorait les enfants, même si elle n'en avait jamais eu. Elle était contente de m'avoir à elle toute seule. Pour l'oncle Pierre, c'était une fête d'avoir un enfant à la maison. Les jours étaient moins monotones. Il me gâtait en me passant tous mes caprices. «Viens becquer* mon oncle et t'auras un bonbon.» Il savait me vanter et disait à tout le monde: «A lé si fine et si intelligente, la p'tite bougrêsse*!», même si ça m'arrivait de le bouder quand ça ne marchait pas à mon goût.

– Votre mère avait-elle oublié sa petite Lydia?

– Ah! non pour sûr. Mes parents venaient me voir de temps en temps malgré leur besogne. Papa voulait agrandir son territoire pour y bâtir une maison plus confortable que le campe* en bois rond du début de son mariage. Il devait scier les planches avec une scie à bras et faire du bardeau à la main avec un couteau. Ma mère l'aidait à corder les planches et les bardeaux sous un abri temporaire pour les préserver du mauvais temps*.

---

[1]La route du rang Thivierge fut ouverte vers 1870. in Urbain Arsenault, PATRIMOINE GASPÉSIEN/BAIE-DES-CHALEURS.p.55.

– Pauvre memére* Zoé! avec ses grossesses à chaque année! Elle n'avait pas le temps de se reposer...

– Non peut-être pas, mais que veux-tu? Elle n'avait pas le choix, la pauvre mère! Les colons devaient charroyer l'eau à bras* de sources situées assez loin de leurs cabanes. En plusse* il n'y avait pas de chemin passable*. Ça se faisait à pied pour un siau* ou en charette à beu* si on devait en rapporter un bari*. Même si la quantité d'eau était trop pesante, Zoé devait s'en occuper. En ce temps-là, c'était la besogne de la créature*!

Zoé Quessy, mère de Lydia

– Puis, pepére* Simon Bugeaud, à quoi s'occupait-il?

– Le pauvre homme! Levé avant le jour, il trimait du matin au soir. Quand il se couchait tard dans la veillée, les mains ampoulées et le reintier* cassé* par la grande fatigue, il tombait raide mort* d'épuisement. Il se dépêchait à essoucher sa terre pour y ensemencer du blé. De plusse, l'été, il devait aller pêcher la morue et la faire sécher sur des vigneaux* en prévision de l'hiver suivant. Durant la saison morte, il partait pour les chantiers couquer* pour les bûcherons afin d'avoir un peu d'argent de poche. Parfois, l'été il travaillait pour les saumoniers* sur la rivière Bonaventure.

– Que faisait la grand-mère Zoé le temps que son homme était au loin?

164

– Seule à la maison, en plusse de ses nombreuses occupations dont je t'ai déjà parlé, elle devait jeter un oeil autour du campe* pour éloigner les bêtes sauvages qui rôdaient aux alentours. Ma mère n'était pas une peureuse! Quelle brave femme! En été, en charrette à beu ou l'hiver en sleigh-plate* qu'on appelait une traîne-à-cul-plate, elle se rendait au village, dans l'Anse[1], pour se procurer de la nourriture: du sucre, du thé, de la mélasse et du sel. Des fois, elle allait à Paspébia* chez les Robin pour les plus grandes nécessités: le fil à coudre, le coton jaune* et la pagosse*

mars 1925
Les trois générations
Laure Babin, notre soeur aînée
le grand-père Simon Bugeaud et sa fille Lydia

pour faire les hardes* qu'elle cousait elle-même. Comme tu vois, Bernadette, la tâche de ma mère Zoé était lourde!

---

[1]Bona Arsenault, MALGRÉ LES OBSTACLES, p.11.
«... Terme alors couramment en usage pour désigner la partie Est de ce qui est aujourd'hui le village de Bonaventure.»

- Où se procurait-elle l'argent pour faire ses achats?

- Elle vendait les oeufs de ses poules au magasin général, qu'elle échangeait contre la nourriture. Papa lui fournissait le peu d'argent qu'il faisait avec la vente de la morue chez les Robin.

- Où se situait le rang où habitaient vos parents?

- Thivierge était le troisième rang de la paroisse de Saint-Bonaventure. Cette terre-en-bois-deboutte* était vendue par lots à une quinzaine de colons par l'abbé Paul-Napoléon Thivierge, curé-colonisateur qui venait de l'Ile d'Orléans.

- Maman, pourquoi appelait-on le rang Thivierge «le rang des Margots»?[1]

- J'vais t'dire tout ça, ma fille et ça n'sera pas long. Au printemps, les colons-défricheurs par nécessité, profitaient des mouvées* de harengs du mois d'avri* pour engraisser leurs terres. Derrière la grange, en tas, ils empilaient le hareng maîgre* qui au boutte* de quelques jours était éparré* dans les seillons* où papa plantait les patates. Entre temps, ça pourrissait vite et quelle puanteur! Ça sentait le y'able* et ça faisait zire*. Les margots*, des oiseaux très voraces, du bord de la côte*, en profitaient pour venir se régaler au rang Thivierge. Par moquerie* ou pour faire des blagues et surtout avec un air de dédain, les gens du village* surnommèrent Thivierge «le rang des Margots».

- Si on revenait à la tante Marie. Vous deviez quand même vous ennuyer de vos parents?

---

[1]MALGRÉ LES OBSTACLES: le rang des Margots, Bona Arsenault (voir Annexe XI).

– Pas tant que ça, Bernadette. Je t'avouerai que j'en faisais pas de différence. J'étais partie si jeune de chez mes parents que je considérais la tante et l'oncle comme mes vrais père et mère. Je les aimais beaucoup et ils me le rendaient bien comme je te l'ai dit betôt*.

– A l'âge de sept ans, revenue chez vos parents, vous deviez vous sentir dépaysée au milieu de la famille?

– Le retour au rang Thivierge fut terriblement* difficile pour moi. Surtout le fait de m'acclimater dans la famille avec déjà plusieurs garçons: Noé, Israël et Josué. Mes frères me regardaient comme une étrange*. Sans trop m'en rendre compte, tout comme la tante Marie, j'étais devenue haïssable* et insupportable. Je ne voulais pas qu'on touche à mes petites affaires personnelles, surtout à mes catins*. J'avais une peur bleue que les garçons avec leurs manières* brusques, les mettent en charpie. Aussi, il faut que je te dise que choyée, gâtée et habituée à ne pas partager avec les autres enfants, ça été dur pour moi. En plusse, j'avais pour moi toute seule l'attention du grand monde*. Ce changement ne s'est pas fait sans larmes. Je croyais que ma mère ne m'aimait pas autant que les autres. Je la trouvais dure pour moi.

– Pour quelles raisons aviez–vous ce sentiment?

– Si j'ai dû revenir à la maison paternelle, c'est que maman avait besoin de mes services. J'étais assez grande* pour torcher* mes petits frères. Quand elle était aux champs avec papa, je devais faire le barda*: brasser les paillasses*, faire la vaisselle*, forbir* la place* avec d'la lessive*, tirer* les vaches et même savoir me servir du barraton*. J'haïssais ça et je regrettais amèrement les années passées chez la tante Marie et l'oncle Pierre. Ah! oui, j'allais oublier... que je devais surveiller, en plusse du reste, la potée* à cochon. Je te dis que je n'avais pas le temps de flâner ou de courailler* avec les enfants du voisinage.

167

– Ma foi, vous étiez une espèce de cendrillon...! Maintenant, si on parlait de l'école.

– Pauvre p'tite fille! Je n'y suis pas allée longtemps. Je me rappelle qu'on était assez éloigné de l'école, on apportait notre dîner qu'on mangeait assis autour du poêle en hiver. Aller à l'école à Thivierge, je peux te dire que ça été une période difficile et crucifiante* pour moi.

– Pourquoi dites-vous ça?

– Je ne connaissais pas beaucoup les enfants du boutte*. Même si j'avais sept ans, je ne savais pas me défendre. Je suis vite devenue leur bouc émissaire: «Tu pues... tu sens la pisse» me lançait Marie-Ange Arbour. En plusse, elle se permettait de m'arracher la crignasse*. Par bonheur, Rachel Arsenault, plus vieille* que moi, venait à mon secours pour me défendre et me consoler. C'est vrai que j'étais bien braillarde*. Aussi, je lui ai toujours voué une grande reconnaissance à cette Rachel, mère de Lévis Babin qui était notre accordeur de piano à Maria.

– Vous dites que vous n'avez pas fréquenté l'école longtemps...

– A dix ans, j'avais terminé mes études. J'étais en troisième année primaire. Souvent durant ces trois ans, je devais manquer l'école* pour soigner les plus jeunes à la maison pendant que ma mère allait aux champs ou au village de Bonaventure au magasin général ou chez les Robin à Paspéïa. A dix ans, maman disait que j'en savais assez pour laver les couches.

– Tout de même, votre mère devait être fière de sa grande fille?

168

- Pas tant que ça! Souvent je mangeais des claques* si tout n'était pas fait à son goût. Par chance que je me consolais avec une petite voisine, Angélique Ferlatte. Comme on faisait le trajet à pied pour aller à l'école, on avait le temps de jaser. Je lui confiais mes petites peines. On se comprenait bien toutes les deux.

- Avec votre père, les relations étaient-elles meilleures?

- Je me suis toujours bien entendu avec papa. Il y avait beaucoup de ressemblances entre nous deux. Je pense que j'étais «sa favorite». Devenue adolescente, j'allais l'aider aux champs. Quel agrément on avait ensemble! Tout en travaillant, on essayait de faire des poèmes ou de trouver le mot savant, le plus drôle ou la phrase la plus originale. Papa lisait beaucoup.[1] Il avait reçu en cadeau des livres offerts par l'abbé Casgrain[2] qui, l'été, venait pêcher le saumon dans la rivière Bonaventure. L'abbé lui avait fait remarquer que notre nom de famille était mal orthographié. Bujold devait s'écrire Bugeaud, comme il l'avait souvent vu en France au cours de ses nombreux voyages. Peut-être bien qu'il pensait à la célèbre chanson du général Bugeaud:

«L'as-tu vu la casquette, la casquette
L'as-tu vu, la casquette du père Bugeaud...»

Simon, sans s'occuper de ses autres frères, mon gramd-père changea Bujold en BUGEAUD. Il devenait différent des autres. A cette

---

[1]Bona Arsenault, MALGRÉ LES OBSTACLES, p.30.
«... par les récits de ses compagnons de travail et, surtout, par les histoires que lui racontait le père Simon Bujold qui avait beaucoup lu.»

[2]Paul-Henri Hudon, RIVIERE-OUELLE DE LA BOUTEILLERIE, 1972, p.269. «L'abbé Henri-Raymond Casgrain (1831-1904), écrivain et historien, est né à Rivière-Ouelle.»

époque-là, la généalogie, il s'en fichait pas mal; seule pour lui, comptait l'orthographe.

– L'échange amicalement littéraire avec votre père est sans doute le début de ce goût poétique en vous?

– Probablement que cet amour de la poésie enfoui pendant des années dans le fond de mon âme, s'est réveillé durant ma vieillesse. C'est vrai que j'étais bien complexée vis-à-vis ton père qui possédait un diplôme d'enseignement. Par manque d'instruction dont j'étais consciente, je ne voulais pas faire rire de moi. Toi, Bernadette, tu es allée à l'école plus longtemps que moi. Tu en as profité car tu as eu plus de chance que moi dans l'écriture.

– Pourtant, papa semblait vous aider à écrire.

–Oui, souvent, il aurait voulu me montrer les règles de la grammaire française. J'avais trop de travail et j'étais trop orgueilleuse. Aussi, même si on n'était pas riche et que j'étais peu instruite, je tenais beaucoup à vos études, surtout pour vous autres, les filles. J'n'voulais pas que vous ayez à souffrir des humiliations que j'avais subies.

– Dites-moi, maman, comment vous nourrissiez-vous, quand vous étiez jeunes, alors que vous me dites que vous étiez très pauvres, sinon dans la gêne?

– Ma p'tite fille j'vais t'avouer une chose que j'ai jamais dite à personne. J'me souviens m'être souvent couchée, le soir, avec la faim. J'vais t'parler de nos repas*. Ordinairement, pour le déjeuner, notre mère nous faisait du bourgou* avec de la farine d'avoine. De temps en temps, elle nous servait de la bourgaille*, mets bouilli composé de grillades de lard salé et de mélasse qu'on mettait sur du pain de ménage*. Des fois, on mangeait de la soupane*. On buvait du café de croûtes de pain brûlées dans le fourneau du poêle et recouvertes d'eau bouillante. Le café d'orge grillé, la tisane de rameau et de pruche étaient également le breuvage que nous servait notre mère, Zoé.

– Et pour le dîner?

– Maman nous donnait des légumes du petit jardin* avec de la viande fraîche ou salée, selon les saisons. Souvent on mangeait du chiard*. Pour souper, sauf le dimanche, c'était du hareng frais, salé ou fumé avec des patates, sinon c'était de la morue qu'en été, on mangeait en cambuse*.[1] Le dimanche au souper, c'étaient les plogues*, crêpes faites avec de la farine de bocouitte* arrosées de mélasse. Souvent à ce repas, on mangeait des tartes à la ferlouche*. Si j't'disais que les gens pauvres mangeaient des petits harengs salés à tous les repas sauf pour le déjeuner. Ceux qui en mangeaient ne le disaient pas aux autres, car ils avaient honte de ça. Quand ils avaient de la visite, ils s'assuraient que le siau* de harengs salés soit caché...

– Comment vous comportiez–vous entre voisins? Parlez-moi de vos rapports avec eux.

– Comme on était assez loin du magasin général, souvent notre mère devait aller emprunter chez la voisine, du sucre, de la farine ou du pain. Ah! là, parfois ça nous arrivait d'attraper du pain sur...

Une tradition qui fut longtemps respectée: le morceau du voisin. A l'automne, quand quelqu'un tuait un cochon, il en salait une bonne partie. Il ne manquait pas d'en envoyer un morceau chez les voisins. A tour de rôle, les autres voisins faisaient de même. Ça fait qu'on avait de la viande fraîche pendant tout l'automne. La

---

[1] Recette de la cambuse.(Voir Annexe XII).

chasse, durant cette saison–là, c'était encore l'occasion de s'échanger de la viande de chevreuil, de canard, de perdrix et de lièvre.

– Comment pouviez–vous conserver vos légumes frais?

– Comme chez les Acadiens d'auparavant*, les habitants avaient des caves enfouies sous terre où ils conservaient une partie des patates et des légumes du jardin: Les carottes et les navets. C'était la réserve pour le printemps en attendant les légumes d'été. Par contre, dans toutes les maisons, on avait des caves assez fraî-ches sous le plancher du premier étage où on pouvait garder des légumes et des aliments comme le lard salé, le bari* de harengs et autres poissons salés qu'on consommait au jour le jour. C'était là, la vie de tous les jours chez les courageux pionniers, les colonisateurs du «rang des Margots» à Bonaventure.

***

Devenue jeune fille, le rapport entre ma mère et moi en était un d'amitié réciproque. Lydia s'est faite à l'idée que j'étais une jeune adulte. A partir de ce moment, elle me parla bien plus de son «aimé» Alex que de l'homme qui allait de-venir mon père. Lente-ment, elle me prenait pour sa confidente et me traitait en égale. A

Devenue jeune fille, le rapport entre ma mère et moi en était un d'amité réciproque

mon tour, je m'épanchais et lui livrais tous mes secrets sachant à l'avance, que sans m'approuver elle ne me condamnerait pas. Son mari hospitalisé, je crois que Lydia sentait le besoin d'un appui sur lequel elle pouvait compter. J'étais devenue son dernier refuge et sa meilleure amie. Je profitai de l'occasion qui m'était offerte pour en savoir davantage sur son passé. Durant les vacances estivales, je venais d'avoir seize ans, ma mère me permit de me rendre à Bonaventure chez son frère Israël qui avait hérité de la ferme de son père, Simon Bugeaud, colon et pionnier du rang Thivierge. Dans la petite maison avec son bocage, il me semblait que je découvrais l'esprit de mes ancêtres. L'oncle Israël était plutôt conservateur. La vieille maison n'avait guère changé d'aspect depuis que son père l'avait construite, sauf une annexe qui servait de cuisine.

Au retour de ce voyage, au pays de l'aïeul, mes liens d'amitié avec ma mère devinrent de plus en plus forts et intimes. J'avais vu le lieu où elle était née. Dorénavant, avec plus de ferveur, J'écouterais les confidences de Lydia.

* * *

Lydia, en femme habile, savait éliminer adroitement de son chemin tout ce qui pouvait nuire à la bonne marche de son ménage; le sauver des flammes de l'enfer en écartant ce qui nuisait à la santé morale de la famille. Je veux relater un fait que Claude, l'un de nos frères, me racontait. Un jour en 1929, lorsque le CN acheta la ligne ferroviaire gaspésienne QUÉBEC ORIENTAL, les employés, les chefs de gare furent intégrés à la BROTHERHOOD, mouvement syndical des employés du CN. Leur petit journal THE LABOR circulait parmi les membres. Le curé de la paroisse de Maria eut vent de cela et avertit les fidèles dans son sermon du dimanche que de la «littérature communiste» se propageait dans la région gaspésienne. La semaine suivante parut le premier numéro de THE LABOR. Notre mère ne fit ni un ni deux, elle le jeta au feu. Puisque c'était écrit en anglais, elle pensait que c'était de la propagande communiste. Notre père venait d'être sauvé des flammes de l'enfer! A plusieurs reprises, il demanda si THE LABOR était arrivé...

173

Lydia savait également épauler son homme. Pendant trois ou quatre ans, pour augmenter les revenus, elle transforma les pièces avant de notre maison en genre de magasin général. Plus tard, elle transforma ce commerce en boutique de chapeaux pour dames. Quelle femme active et débrouillarde que cette Lydia avec ses treize maternités! Je me rappelle l'avoir vue, fraîche accouchée de trois jours, oui! je me rappelle qu'elle mettait la dernière main à un chapeau pour une jeune fille qui se mariait le lendemain. L'année suivante, à la jeune maman, elle lui donnait en cadeau, une bonnette* pour son premier bébé. Ma mère fabriquait ces petites coiffures en soie blanche et les décorait de bleu ou de rose selon le sexe de l'enfant.

Durant plus de vingt-cinq ans, à chaque printemps et automne, Lydia se rendait en train, à Québec ou à Montréal afin de renouveler ce qui était nécessaire pour confectionner les chapeaux: le «bockrom», sorte de toile épaisse et rigide pour les formes, des plumes, du velours, de la soie, des fleurs et que sais-je encore. Un esprit d'initiative, un goût sûr et des doigts de fée contribuèrent à la réussite de son entreprise. elle se fit connaître, non seulement de notre paroisse mais aussi des environs: Carleton, St-Omer, La Nouvelle, Cascapédia, New-Richmond.

Lydia connaissait si bien sa clientèle qu'elle n'aurait jamais vendu le même chapeau à deux femmes de la même place. A ses yeux, chaque cliente avait une personnalité et un goût différents et Lydia savait en tenir compte.

De ma plus lointaine mémoire d'enfant, je la vois descendre du train à Maria. Ma mère revient d'un voyage d'affaires à Montréal. Cette belle dame élégante, âgée d'environ trente-cinq ans, taille moyenne et yeux couleur de la mer, est-ce bien ma mère? Toute de blanc vêtue, jupe à mi-jambe et rabattu sur les yeux, un chapeau en forme de cloche de kid blanc entrelacé d'un cordonnet de cuir noir. Qu'a-t-elle fait de son chignon et de ses longues jupes

174

foncées? Devant cette apparition, je ne reconnus pas ma mère. Sidérée, je reculai brusquement pour aller me cacher sous le perron de la station. C'était trop pour mes cinq ans! Pire encore, le lendemain lorsque j'entendis ma tante Alcida, sa soeur, dire en pleurnichant: «Pauvre Lydia, elle est damnée! Se faire couper les cheveux à son âge et, être écourtichée en plus. Ça pas grand bon sens!» Quel coup au coeur! J'ai compris beaucoup plus tard que ma mère devait suivre la mode, même révolutionnaire. C'était impératif pour elle puisqu'elle tenait une boutique de chapeaux pour dames. C'était en 1924. Or, plus de soixante ans plus tard, au cours d'un buffet offert à l'occasion d'une conférence de presse, par l'Association de Sauvegarde-Gaspésie, je me retrouvais à la même table qu'une femme qui avait grandi à Maria et avait connu ma mère. Thérèse LeBlanc, fille d'Émile, me dit: «Ah, les chapeaux de Madame Babin, quelle réputation ils avaient! C'était tout un événement que d'aller s'acheter un chapeau chez votre mère, me dit-elle. Mon père se faisait un plaisir de conduire sa femme en boghei*.» Une certaine affinité s'était développée entre les deux familles puisque Monsieur LeBlanc et mon père étaient à l'emploi de la même compagnie de chemin de fer.

***

Certes, nos parents nous avaient donné la soif d'apprendre. Par leur encouragement, nous découvrions que la motivation, la ténacité, la foi en soi, le courage, la fierté et l'amour étaient des raisons essentielles pour mener au succès. Notre mère savait motiver notre goût de nous dépasser dans la vie quotidienne. Ce désir passionné et important de connaître, peut-être l'avions-nous plus par peur de lui déplaire que pour l'imiter. Elle avait peu fréquenté l'école; elle avait à peine une troisième année. Ce désir de nous cultiver nous venait du milieu familial.

Le soir, les études se faisaient dans le désordre de la cuisine, où notre mère et nous, les enfants, étions assis autour de la grande table éclairée par la lampe aladin suspendue au plafond: la même lumière pour tout le monde. Il n'était pas question d'aller faire nos devoirs dans notre chambre. Pourquoi? D'abord, nous la partagions avec un ou plusieurs frères ou soeurs, selon le cas. De plus, à l'étage des chambres, il ne nous fallait compter que sur l'éclairage du jour. Maman nous défendait l'usage de la lampe à huile; elle craignait les incendies. Nous allions nous coucher, éclairés par un petit fanal muni d'une chandelle.

Dans la cuisine c'était plus simple. Lydia surveillait nos études, nous faisait réciter les leçons apprises par coeur. Elle nous donnait, si elle en était capable, quelques explications sur le travail à la maison. Dans une telle ambiance, apprendre devenait pour nous normal, valable et amusant quoique l'affection de notre père absent nous manquait beaucoup. Nous devions également subir certaines restrictions, privés que nous étions de son salaire. C'était le temps de la Dépression et malgré tout, j'avais le sentiment qu'il devait y avoir quelque part dans la vie, du bonheur imprévu. Mais où...? A douze ans, j'espérais poursuivre mes études et dépasser l'école MODELE de Maria. Je désirais de tout mon coeur fréquenter le pensionnat des Soeurs de la Charité de Carleton comme ma soeur aînée, Laure. Mais où ma mère trouverait-elle l'argent nécessaire pour en défrayer le coût? Je n'imaginais pas ma vie autrement même si nous n'étions pas plus riches ni plus pauvres que nos voisins. A force de ténacité au travail, Lydia réussit à m'envoyer, pendant deux ans, à l'École Normale où j'obtins un brevet pédagogique qui me permit de gagner ma vie comme enseignante dans les écoles de la Gaspésie. «C'est ton héritage», me répétait souvent ma mère.

***

Ma mère a accouché de treize enfants. «Treize croix différentes», dira-t-elle. Malgré tout, je l'ai toujours connue d'humeur égale. Ce n'était pourtant pas la besogne et les soucis qui manquaient, surtout lorsque, après vingt-cinq ans de mariage, elle s'est retrouvée seule à la maison. Le séjour de son mari à l'hôpital psychiatrique durera plus de dix ans malgré des visites de quelques mois parmi nous. J'ai toujours attribué la bonne santé physique et mentale de maman à la force de son caractère. Elle avait une foi inébranlable dans la Divine Providence et une dévotion toute particulière envers saint Antoine qu'elle invoquait pour son manque de mémoire. Quant à moi, j'invoque ma mère lorsque j'ai la malchance de perdre ou d'égarer quelque chose.

Je me souviens que cette mère, ni tendre ni douce, n'était pas particulièrement caressante. Cela est très acadien. Les femmes ne manifestaient pas leur amour devant les autres, sauf pour les bébés. Je ne me souviens pas avoir été bercée par ma mère. Une sorte de pudeur s'installait entre elle et nous. N'était-ce peut-être qu'une distance apparente? Si on voulait lui témoigner notre grande affection en voulant la cajoler, se souvenant probablement de nos méfaits, elle disait: «Éloigne-toi, espèce de Judas!» Ça me crevait le coeur et je le lui ai dit. D'où lui venait ce manque de tendresse maternelle? Sous son apparence froide, elle était pourtant très sensible. Grande romantique, je la revois en train de lire LES MISÉRABLES de Victor Hugo. De grosses larmes roulaient au coin de ses yeux qu'elle réussissait à dissimuler furtivement à notre vue.

Ma mère ne chantait pas beaucoup. J'avais quatre ans, peut-être, quand un soir au salon, devant des invités, je l'ai entendue chanter: «Elle est toujours derrière, derrière...» Comme les Acadiennes, elle avait beaucoup d'humour, un peu acide parfois et qui frisait la gauloiserie de temps en temps. Ça me choquait!

Sur ses vieux jours, ma mère s'est mise à écrire de la poésie. Naïve, me direz-vous? Oui, et bien sentimentale. Elle nous déclarait ses émotions de tendresse et tout ce qu'elle aurait pu nous dire tout haut et qu'elle avait toujours étouffé par une éducation étroite, dans les profondeurs de son coeur de mère.

177

Quelle grande peine quand ma mère mourut! elle avait quatre-vingt-sept ans. Ce 26 avril 1973, au petit matin, elle entreprenait ce long et ultime voyage de retour vers la maison du Père. «Laissez-moi partir en paix, j'en ai assez fait pour vous autres». Telles furent ses dernières paroles. Après ce départ, j'ai retrouvé sur une enveloppe défraîchie, ce mot SURVIVRE. Je le considère comme un message précieux qui exprime sa joie de vivre qu'elle aurait voulu nous communiquer. Ma mère habite toujours en moi à tel point que je me surprends à répéter pour m'affirmer: «Je vais dire comme ma mère disait...»

***

"SURVIVRE"! Oh! oui, SURVIVRE!

Le jour où trois conseillers municipaux sont venus chercher son mari pour le conduire, poignets attachés comme un vulgaire criminel, à l'hôpital psychiatrique, Saint-Michel de Québec, ma mère était enceinte de son treizième enfant. De Delphis. Sans autre moyen de subsistance, que celui de son commerce de chapeaux, où prenait-elle le courage de SURVIVRE? N'est-ce pas ce mot même qu'elle traça, un jour, sur une enveloppe trouvée parmi ses papiers et documents reçus en héritage? SURVIVRE; privée de son

Ce mot SURVIVRE

homme, assumer seule et sans aide domestique la charge de dix enfants vivants, sans compter celui qu'elle portait, la transforma sur-le-champ en chef de famille. Pire encore, du jour au lendemain, un vide se fit autour de nous. Les amis s'éclipsèrent, la parenté s'éloigna. Nous étions devenus pauvres. Les cheveux de ma mère blanchirent subitement.

Une lutte acharnée pour la survie commençait. Loin d'accepter l'offre intéressée de certaines de ses clientes «d'adopter» quelques-uns parmi nous qui recevrions nourriture et hébergement en échange de menus travaux, ma mère se fit un point d'orgueil et d'honneur de nous garder tous auprès d'elle. «Jamais j'donnerai un seul de mes enfants. J'travaillerai jour et nuit, s'il le faut, pour garder la famille unie le plus longtemps possible.» Elle n'avait plus qu'à nous distribuer les tâches quotidiennes. Malgré toutes mes appréhensions, je souhaitais que quelque chose de grand m'arrive un jour. Je me sentais si démunie, si petite devant l'adversité. Mais Lydia était là, si rassurante et si solide, tel le phare qui éclaire le voyageur durant une nuit de tempête.

Notre mère répartit donc les tâches selon les forces, les capacités, les talents de chacun. Les plus âgés devinrent peu à peu responsables des plus jeunes. Ainsi chacun avait la conviction d'être un maillon de la chaîne qui unissait les membres les uns aux autres. Maman avait bien compris ce principe de la responsabilité des plus grands dans la famille; celui de créer un lien par le respect et l'amour réciproques. Elle savait que l'entraide nous servirait de modèle dans un avenir rapproché, le jour où nous serions parents à notre tour. Lydia nous répétait que la responsabilité dans le respect des autres est un héritage à transmettre à nos descendants. «La famille, disait-elle, c'est la première communauté où il est possible d'accepter et de subir les conséquences de ses actes et d'en répondre. Si vous restez unis, vous trouverez ensemble la force pour vous défendre de toute adversité.» Comment garder rancune à un frère ou une soeur après un tel sermon qui ne se faisait pas «sur la montagne» mais autour de la grande table de la cuisine?

Cette responsabilité proclamée par notre mère, nous l'assumions sans trop nous en rendre compte. C'est ainsi que Claude, celui qui me précède, prenait soin de moi, en me donnant la main sur le chemin de l'école située à plusieurs milles de chez-nous. Aussi, je lui en suis reconnaissante. N'est-ce pas lui qui, à l'âge de quatorze ans, devint chef de gare en l'absence de notre père? Il va de soi que Lydia s'en portait garante. Il se permettait également de jouer au père de famille et corrigeait avec un zèle évident son turbulent frère, Delphis, dont il est le parrain. A mon tour, quand ce dernier naquit, j'abandonnai ma poupée, «ma presque fille» pour m'occuper de lui en ma qualité de marraine. Je le vois sourire chaque fois que je l'appelle encore aujourd'hui «mon fils spirituel». En mon absence, Cécile ou Alma prenaient la relève auprès du «p'tit». Nous nous élevions les uns les autres. La responsabilité, notre mère nous l'avait si bien inculquée dans notre esprit que le dernier, Delphis, prit soin... des poules sur l'ordre de maman!

«Un jour, dit Delphis, durant les vacances estivales, Lydia décida de me donner la responsabilité de soigner* les poules. Nous avons passé un contrat entre nous deux: je recevrais un sou par douzaine d'oeufs ramassés dans le poulailler. Croyez-moi que les poules se sont fendu le derrière pour moi. Oui! puisqu'à la fin de l'été, je reçus la somme rondelette de trente gros sous! Aussi, sur les conseils de ma mère, je les avais nourries et leur avais donné à boire, toujours à heures régulières. Avec coeur, pour faire plaisir à ma mère, j'avais volontiers assumé ma responsabilité. Très jeunes, nous avons joui d'une pleine liberté; ce qui devait faire l'envie de nos cousins et amis des alentours. A l'âge de cinq ans, j'allais seul pêcher la truite; par contre, je devais me joindre à mes frères et soeurs pour la cueillette des fraises et des framboises. Parfois, notre mère nous accompagnait avec dans son panier, les provisions du pique-nique que nous mangions près du pont de fer, au bord de la rivière à «Ignace». Elle nous disait de déposer le lait dans l'eau et à l'ombre du pont. Des pierres retenaient les bouteilles. Pendant que nous pêchions, Lydia ramassait des framboises qu'elle adorait. Et le soir, elle nous amenait «sur le bord de la mer» où nous faisions un gros feu avec le bois que les marées rejetaient sur la grève.»

1938
Le bûcher préparé pour le feu de grève
qui sera allumé à la tombée de la nuit

Et laissons encore parler Delphis: «Comme j'étais le benjamin de la famille, ma mère m'envoya à l'école dès l'âge de cinq ans puisque je ne voulais pas rester seul à la maison sans mes frères et soeurs. De cette époque, je peux me remémorer facilement plusieurs événements dont celui de la préparation des plats. J'étais l'un de ceux qui appréciaient sa cuisine, surtout sa façon d'apprêter le poisson, ses chiards* à l'eau et autres mets. Quant à ses tartes qui avaient mes préférences, elle savait les varier: tantôt aux pommes, aux raisins, à la mélasse et au suif. Enfin, ses tartes au sucre rapportaient beaucoup de succès auprès des gourmands que nous étions. Je me rappelle qu'elle pétrissait le pain sur la table de la cuisine. Un jour, elle ajouta des patates à sa recette ordinaire, conseil qu'elle avait reçu de je ne sais qui. Malgré nos protestations, elle ne changea pas d'avis. Dorénavant, les patates feraient partie du pain quotidien.»

«En été, j'ai souvent vu ma mère entrer du bois pour chauffer le poêle de la cuisine. Elle essarbait* le petit potager qui occupait la partie arrière de notre maison. Elle trayait notre TORINE et donnait à manger aux poules.»

«D'aussi loin que je me souvienne, j'aperçois notre mère comme étant le chef de notre famille. Notre père hospitalisé, elle avait dû prendre l'entière responsabilité de pourvoir à nos besoins jusqu'à ce qu'on soit en âge de le faire par nous-mêmes. Comme elle était prévoyante, elle achetait d'avance tout ce qui était nécessaire pour passer l'hiver: le bois de chauffage, les patates et les carottes, les betteraves, les poissons salés tels que: le hareng, la morue et le turbot.»

«Notre mère se couchait tard. Elle passait ses soirées à repriser, à tricoter, à réparer des chapeaux ou à lire; ce qui était sa passion. Par contre, elle aimait se lever un peu plus tard que nous, les enfants. Elle nous laissait le soin d'allumer le poêle de la cuisine, au moins une demi-heure avant son lever. La nuit, durant l'hiver, elle laissait s'éteindre le poêle et la fournaise de plancher car elle craignait que le feu prenne. Ainsi devions-nous nous couvrir avec de grosses douillettes de laine cardée que nous appelions des CONFORTABLES.»

«A Noël, lorsque j'avais environ sept ans, notre mère nous demanda de bien vouloir sacrifier l'argent qu'elle avait épargné pour nous acheter des cadeaux. Elle enverrait cette somme à Benoît, notre frère aîné, qui défrichait une terre sur la colonie de Saint-Conrad de Restigouche. Cette nuit-là, Lydia trouva quand même le moyen de donner à chacun de nous, une petite surprise.»

«En 1943, alors que j'étais âgé de douze ans, Adrien, mon frère et moi quittions Maria, accompagnés de notre mère pour nous rendre à Lévis, au Juvénat des Frères Maristes. Pour maman, compte tenu de ses faibles revenus, c'était une excellente façon de nous faire instruire. Quant aux bons Frères, ils cherchaient à recruter de futurs enseignants. Mais deux ans plus tard, je retournais dans ma famille et Adrien devenait aide-cuisinier à Lévis.»

«En 1945, ma mère et moi quittions définitivement Maria pour aller demeurer à Montréal chez Bernadette qui venait d'épouser Jean-Jacques, alias Jim, Bujold. Nous résidions avec eux sur la rue Parc-Lafontaine. Maman s'était trouvé un emploi chez CHARLEBOIS HAT, l'un de ses anciens fournisseurs de chapeaux. Moi, je travaillais comme messager à la pharmacie HARBOUR, rue Sainte-Catherine est, avec mon cousin, Jean Paquet. Ma mère arrondissait mes fins de mois à même le maigre salaire qu'elle retirait comme garnisseuse de chapeaux chez son employeur.»

«Vers l'âge de quatre-vingts ans, ma mère résolut de composer des poèmes, peut-être bien ingénus, mais d'une grande importance pour nous. Par mesure d'économie, le brouillon de ses écrits était tracé sur des enveloppes usagées. Puis, les mettant au propre, elle nous les envoyait à l'occasion de nos anniversaires de naissance et de mariage ainsi qu'à l'époque des fêtes de Noël, du Jour de l'An et de Pâques. Lydia se plaisait à écrire de la poésie même si elle n'avait qu'une troisième année scolaire. Mettant son orgueil de côté, elle faisait corriger ses écrits par notre soeur Cécile, chez qui elle demeurait à ce moment-là. L'écriture comblait ses moments de solitude.»

«Notre mère s'intéressait beaucoup à la vie des artistes. Elle était abonnée à RADIOMONDE, le journal à potins. Chaque midi, l'oreille collée sur le poste CKAC, elle écoutait le roman-fleuve JEUNESSE DORÉE de Jean Després. Il nous fallait être silencieux durant ces quinze minutes privilégiées. «Maman était sur les ondes courtes», disait-on, tout comme lorsqu'elle parlait des maladies de femmes avec ses clientes et ses amies. Plus tard, la télévision fut pour elle un passe-temps favori en plus de l'écriture.»

«Chez Lydia, j'avais décelé un talent de comédienne. Elle avait la répartie facile et savait nous arranger une histoire qui tournait toujours à son avantage, quand elle était mal prise. Si elle aimait raconter ses mémoires, par contre elle adorait qu'on lui relate l'emploi de notre temps. Cependant, je laisse à mes enfants le soin de donner leur appréciation sur l'amour que leur a prodigué leur grand-mère Lydia. Tout ce que je peux ajouter, c'est qu'elle les a beaucoup aimés et bien gâtés!»

«Lorsque je pense à ma mère, je réalise qu'elle était une «meneuse». Elle ne s'est jamais laissée abattre par les difficultés et les malheurs qui accablèrent notre famille. Son esprit était pratique. Un jour sur la rue Jean-Talon où elle habitait avec notre frère Adrien, elle m'avait appelé au secours. Elle se pensait au seuil de la mort. Elle me pria de m'asseoir sur le bord de son lit; elle me parla avec sérénité. Elle m'expliqua froidement comment procéder pour les arrangements funéraires. Elle voulait qu'on transporte son corps à Maria et m'apprit comment agir avec le CN pour la translation de ses restes en Gaspésie. Elle voulait être enterrée au cimetière de notre ancienne paroisse Sainte-Brigitte de Maria, dans le lot de famille à côté de son mari. Hélas! cette partie du cimetière fermée, notre mère le fut donc sur la «pente douce», en arrière de la présente église de Maria bâtie vers les années 1940.»

184

Maintenant que tant de saisons ont passé sur nos têtes, nous aimons nous rappeler le temps de notre enfance et, parfois tard dans la nuit, nous avons la sensation que nos parents viennent goûter la version des faits. Nous croyons entendre le savoureux accent de chez-nous. Ce récit se veut un hommage à leur mémoire.

Dans le nouveau cimetière de la
paroisse de Ste-Brigitte de Maria

Notre mère en vacances à Hull avec sa
belle−soeur Laura, épouse de
l'oncle Nathan (Ned) frère de Lydia

1950
Notre mère Lydia, tient à
étrenner son manteau de fourrure
même si la neige n'est pas là

Notre mère en visite aux Chutes Niagara avec sa belle−soeur, Gertrude
deuxième femme de l'oncle Ben

Notre mère en visite aux
Chutes Niagara en Ontario

Notre mère âgée de soixante ans
lors d'un voyage à Montréal

À 80 ans, notre mère Lydia aimait encore cuisiner

À 87 ans, chez Delphis

Notre mère hospitalisée à l'hôpital Sacré-Coeur, Cartierville
reçoit la visite de son fils, Benoît et d'Yvon, son petit-fils

MÉMOIRE VIVANTE DE NOTRE SOEUR AÎNÉE: LAURE BABIN

Laure Babin, née à Maria (Bonaventure) le 25 novembre 1911 est la fille aînée d'Alexis-Joachim et de Lydia (Lédia) Bugeaud.

Après des études pédagogiques à Carleton, chez les soeurs de la Charité, elle enseignera à peine durant trois années. Atteinte de tuberculose, elle décédera le 2 août 1931, à Maria. Elle était âgée de vingt ans et quelques mois.

Pianiste du dimanche, Laure faisait le bonheur de sa famille et de ses amis en interprétant la musique de l'époque.

Courte fut sa vie mais marquée par un étonnant héroïsme devant la stupidité de la mort. Elle est morte en plein soleil à l'heure où sonnait l'Angélus du midi. Sa jeunesse sera désormais éternelle.

Laure âgée de 15 mois

«Laver la vaisselle, disait-on, n'était pas bon pour les doigts d'une pianiste.» Laure en profitait après les repas pour s'asseoir au piano et y faire ses exercices musicaux. De ses doigts agiles, elle nous charmait avec Mozart. Elle chantait les chansons d'époque comme MARINELLA, UN COIN DU CIEL BLEU, RAMONA dont elle jouait les airs au piano.

Notre père, après sa longue journée de travail à la gare, aimait s'en évader. Il demandait à Laure de lui jouer POETE ET PAYSAN de Schubert ou de l'accompagner au piano. Sans être doué d'une voix riche et juste, il s'élançait et entonnait: «J'aime le son du cor, le soir au fond des bois...» d'Alfred de Vigny. Nous, les enfants, comme on ne voulait pas manquer de respect à notre vénérable père, on allait se cacher loin de sa vue, derrière la maison pour éclater de rire. Il détonnait et on trouvait ça drôle.

Pendant l'été, Laure passait des heures au piano et moi, lorsque je jouais dans le jardin, je m'approchais de la fenêtre et l'écoutais fascinée. Comme les oiseaux dans les grands ormes. Mais le goût de la musique classique m'est venu, très certainement, de ces moments de grâce passés, le soir près du piano de Laure. Assise dans ma petite chaise berçante, je restais là, attentive. Puis mes paupières s'alourdissaient, mes yeux se fermaient et sans trop savoir comment, le lendemain matin, je me retrouvais couchée dans mon petit lit en fer.

Un soir, alors que ma soeur était au piano, deux touristes de Montréal, s'arrêtèrent devant la porte de notre demeure et demandèrent à mon frère Benoit:

– Qui joue le piano?

– C'est ma soeur Laure, répondit-il avec fierté.

– Va lui dire que c'est bien beau, cette sonate de Beethoven.

Puis les deux visiteurs envoyèrent la main à Benoît, en direction de la fenêtre du salon, et continuèrent leur promenade sur la route de la station. Benoît courut aussitôt vers sa soeur Laure pour lui transmettre le compliment. Toute timide, elle avait souri comme lorsqu'on rend une salutation. Ses longs doigts s'étaient arrêtés un moment pour repartir de plus belle sur une polka[1].

***

La mode du temps voulait qu'une jeune fille courtisée pour le bon motif ou non, devait être chaperonnée. Notre mère m'avait donné la responsabilité de surveiller Laure qui avait sept ans de plus que moi. Parfois, elle m'obligeait à me boucher les oreilles, ce que je faisais à moitié. Mais bientôt, elle oubliait ma présence pour s'écrier tout à coup: «Ah! cette Bedette...» Ce ah! se rapportait sans doute à mon intrépidité, à mon esprit de répartie, à mes yeux fouineurs qui savaient deviner ou inventer tout ce qui était caché dans les profondeurs des pensées d'autrui. Laure savait que j'irais rapporter ses gestes et conversations à notre mère.

Ma soeur, je l'aimais beaucoup. Pourtant, je ne sais pourquoi, j'avais peur de la perdre. Je désirais toujours être auprès d'elle. Je partageais son lit. Je me glissais près d'elle et me serrais contre son corps. Cependant, j'étais toujours prête à lui jouer des tours plus ou moins pendables. Un soir qu'elle veillait au salon avec l'un des habitués de la maison, elle me demanda d'aller dans sa chambre et de lui apporter la photo de son «cavalier». Je fouillai dans son album et trouvai une photo assez spéciale que je lui présentai sans gêne: sur une toute petite image, un gros cochon qui semblait grogner dans sa soue. Inutile de raconter les rires de l'homme assis près de ma soeur. Quant à elle, je ne comprenais pas pourquoi elle me regardait avec des yeux assassins! Pourtant, je ne lui voulais pas

---

[1] Cet événement rappelle une scène du film *Les Portes Tournantes* tourné à Campbellton et tiré du roman de Jacques Savoie.

191

de mal. Serait-ce que je voulais la protéger de Maurice G. qui se voulait trop insistant? J'allai me cacher derrière le piano. Je risquais un oeil et les regardais avec étonnement sans y comprendre grand-chose. J'avais cinq ans. Ce soir-là, dans notre chambre, on aurait dit une sorte d'hostilité entre ma soeur et moi. Je compris que je ne devais plus recommencer ce genre de farce plate. Je me dévêtis et me couchai en silence. Sans bouger, je fermai les yeux. Bien long-temps après la mort prématurée de ma soeur, je compris, mais trop tard, toute la peine que j'avais pu lui causer par mes étourderies.

***

Laure enseigna deux ans à St-Jules de Maria, dans le canton appelé «le petit Montréal» qu'elle laissera pour Saint-Alexis de Ma-tapédia. Un jour du mois de no-vembre, Laure dut abandonner son école de Matapédia, et son amou-reux Xavier D., pour revenir chez-nous. Elle avait peine à marcher. Maman lui donna la grande cham-bre près de l'escalier. Une toux persistante la tenait au lit. Après la visite du médecin, il fut décidé que notre mère irait conduire Laure à l'hôpital Laval de Québec pour y suivre une cure contre la tubercu-lose.

1929-1930
Laure
Petit-Montréal, 1ère année de classe

Au printemps suivant, Laure revint du sanatorium. Son mal s'était aggravé sans espoir de guérison. Pourtant, elle avait eu le courage de mener une bataille désespérée contre la tuberculose, maladie alors jugée comme incurable. Se voyant terrassée, notre aînée demanda la faveur de venir mourir auprès des siens. J'avais

192

treize ans. J'étais contente du retour de Laure parmi nous. Dans ma foi naïve d'enfant, je croyais sauver ma soeur d'une mort imminente par un miracle de la Vierge de Lourdes, que j'obtiendrais à force de sacrifices, de neuvaines et de mortifications. «Non! non! dit Lydia. Ote-toi çà de la tête. Les poumons et les intestins de Laure sont atteints et ses jours sont comptés. Elle est dans sa phase terminale.» Que j'ai donc trouvé ma mère cruelle! Je comprenais mal qu'elle m'annonçait cet événement avec autant de calme que de sérénité. Et, elle ajouta: «Il s'agit de l'aider à vivre tranquillement ses derniers moments jusqu'au bout.»

Laure mourut le 2 août en 1931, à l'heure où la cloche de notre église sonnait l'Angélus du midi. Tous réunis autour de son lit, on sanglotait. Elle semblait nous sourire. Ses longs doigts immobiles reposaient sur le lit. Papa sortit de la chambre étouffant d'émotion. Nous, frères et soeurs, groupés autour de maman, on gémissait.

A partir de ce moment et jusqu'aux premiers jours de l'hiver, on avait cessé de s'amuser. Ce deuil nous interdisait de faire de la musique. Le piano fut fermé pendant un an. Quant au gramophone, ma mère m'avait permis de l'ouvrir à l'occasion de la Noël. Je voulus faire tourner le disque de CHARMAINE que Laure aimait tant. A l'écouter, je me mis à pleurer d'abondance et refermai l'instrument de musique.

Malgré mon immense chagrin, je me consolais en pensant que ma soeur était morte en odeur de sainteté, à ce que l'on disait autour de moi. Eh oui! à vingt ans, elle avait fait le sacrifice de sa vie et s'était préparée à mourir comme lorsqu'on veut faire un long voyage. Mettant ordre à ses affaires, elle avait prévu ses funérailles: beaucoup de fleurs dans l'église, pas de draperies noires, mode de l'époque, du blanc partout même dans notre habillement.

Notre mère, malgré la grande peine causée par la perte de son aînée, devait cacher soigneusement son malheur, rire avec ses clientes même si elle éprouvait l'envie de pleurer. Pourtant, un jour elle éclata. A cette époque, notre jeune voisin Gérard D. étudiant chez les Jésuites à Montréal, apprenait le piano. De retour à Maria pour ses vacances estivales, il demanda à notre mère, la permission de faire ses exercices sur notre piano puisque sa famille n'en possédait pas.

Un jour que Lydia était au jardin, Gérard vint chez-nous et alla droit au salon selon l'entente établie et attaqua le Menuet in G de Beethoven. Surprise, ma mère pensa un instant que Laure était ressuscitée et qu'elle était au piano comme dans le passé. Vivement, elle se précipita dans le salon et se mit à pleurer et à gémir. Sa blessure au coeur n'était que cicatrisée et sa douleur interne était toujours aussi lancinante. Tout confus, Gérard s'excusa et voulut se retirer. «Non! lui dit ma mère, je veux que tu viennes le plus souvent possible pour me jouer les pièces préférées de ma grande. Ainsi, je réussirai peut-être à me délivrer de cette peine atroce qui parfois m'empêche de respirer. Ce sera l'apaisement et le remède qui calmeront ma souffrance.»

Et c'est ainsi que Gérard D. continua à fréquenter notre salon et le piano de Laure.

Durant son alitement, Laure me disait que je ne devais pas trop m'approcher d'elle afin de ne pas attraper son mal. Malgré ses avertissements, je m'installais quand même sur le bord de son grand lit pour lui faire la lecture, réciter le chapelet avec elle. Puisqu'elle recevait régulièrement une lettre de son ami Xavier, elle me chargeait de lui répondre. «Je l'aime tant», me disait-elle. Je me rappelle lui avoir écrit une lettre pour lui apprendre avec beaucoup de ménagement la mort de ma soeur Laure.

J'ai lu quelque part que «nos morts ne sont pas morts tant qu'ils n'ont pas été oubliés.» Laure sera toujours vivante dans ma mémoire. Jamais je ne pourrai me détacher de son souvenir. Elle était plus qu'une grande soeur pour moi. J'avais perdu une véritable amie.

EXTRAIT du registre des baptêmes, mariages et sépultures de la paroisse de St-Bonaventure, comté de Bonaventure, province de Québec, Canada.

pour l'année mil huit   cent quatre-vingt-cinq.

LE dix-huit novembre mil huit cent quatre vingt-cinq, nous prêtre soussigné, curé

B-67.

Bujold,
Marie-Zoé- Laédia.

S'est marié le 14 juin 1910
avec Joachin Babin.

Le 24 octobre 1944 à Maria
a épousé J-Amédée Dugas.

de cette paroisse, avons baptisé Marie-Zoé-Laédia, née la

veille fille légitime de Simon Bujold, cultivateur et de

Zoé Quessi de cette paroisse. Parrain: Joseph Quessi, mar-

raine, Marie Quessi, oncle et tante de l'enfant, soussignés

avec nous ainsi que le père.

Marie Quessi

Joseph Quessi

Simon Bujold

P.N. Thivierge, curé, _____ PTRE

Lequel extrait nous, soussigné, curé de St-Bonaventure, certifions
être conforme au Registre original, déposé dans les archives de
la fabrique de la dite paroisse.

St-Bonaventure, le __quinze__ du mois de __août__ _____

mil neuf cent __soixante-douze__.

_____ Ptre
Cure

NOTRE MAISON FAMILIALE

A travers ce récit, je veux vous faire visiter la maison où s'est déroulée notre enfance.

Maison familiale

Entre la mer et les montagnes, la route* de la station s'allonge à travers les terres et bifurque vers les concessions* de Maria, pour aboutir au quatrième rang de la municipalité. Du côté droit de la route, notre maison où nous sommes tous nés, frères et soeurs, avait été construite sur la terre de l'oncle Amédée Dugas, à mi-chemin entre la petite gare et la vieille église paroissiale de Sainte-Brigitte de Maria. Elle se distinguait de ses voisines, celles des Dégrâce, Rolet et Dugas, puisqu'elle était située au sommet de la «pente douce». Solide et fière sur sa base de ciment, axée vers le nord-est et de biais avec les grands vents du Nord, notre demeure fixait effrontément les montagnes appelées SHICK-SHOCK*, tout en leur faisant des clins d'oeil en coulisse. Souvent, nous étions plus de quinze à bord. Les enfants, les parents, les deux pepéres* Babin et Bugeaud, Marie-Anne, la fille à gages* et notre couturière, mademoiselle Rose (à Polythe) Normandeau.

Notre maison familiale à Maria, 3 parties différentes

Vue de l'extérieur, l'habitation des Babin présentait trois parties distinctes étroitement reliées: la grande-maison, la cuisine et le tambour* en retrait où s'entassaient les quarts* à farine, à mélasse et la viande salée; les outils de menuiserie, la machine à laver durant la saison estivale, la baratte et bien des traîneries*. Les murs extérieurs des trois bâtiments étaient recouverts de clapboard* de bois, avec leurs deux étages peints gris-pâle. Quelques années plus tard, notre beau et grand logis fera toilette nouvelle avec un jaune-clair et bordures brunes. «Non! de rectifier Delphis, le benjamin de la famille. C'était un jaune paille avec bordures brun tabac. C'était bel et bien écrit sur les cannes* de peinture!»

Le toit en papillon de la grande maison était fait de bardeaux noirs, alors que ceux de la cuisine et du tambour formaient une pente revêtue de tôle galvanisée. Quelques bâtiments complétaient notre propriété: une grange-étable, un poulailler ensoleillé, une glacière et les vieilles bécosses*.

Devant la grand-maison, limité par une clôture de bois, un petit jardin de fleurs lui donnait un air coquet. Je me rappelle qu'à chaque printemps, je me faisais un plaisir d'agrémenter ce petit coin de terre par des semis à peine connus à Maria. Maman me les rapportait de chez PERRON paysagiste lors de ses fréquents voyages à Montréal. J'avais la passion du beau travail et de l'esthétique acquise aux cours de peinture et de fusain de Jeanne Loubert et ceux du pensionnat. C'étaient des massifs de phloks, de capucines, de dahlias, de cosmos, de gaillardes et combien d'autres qui répandaient une odeur fine et suave et qui réjouissaient notre vue et celle des passants.

L'été, tous nos voisins cultivaient leur jardin potager. Derrière la maison, s'étendait le nôtre. Dans des seillons* poussaient avec ardeur, sous le soleil brûlant les légumes: fayots*, bettes*, oignons du pays, échalotes, petits pois verts et laitue. Ce modeste lopin de terre, on se devait de l'essarber* nous, les enfants; ce qui nous valait quelques récompenses à la fin de la saison estivale. Je me rappelle avoir reçu, un jour, un joli parapluie dont maman avait prévu le besoin pour les jours pluvieux et maussades de l'automne.

L'espace délimité par la façade et la route de la station était recouvert de résidus de charbon ramassés sur la ligne* du chemin de fer.

L'été, il servait de terrain de jeu. Mais nos pauvres petits pieds nus étaient souvent ensanglantés. Au beau milieu, sur un socle de ciment, trônait majestueusement la pompe* à eau. Avec son

La pompe à eau, notre mère et un ami de la famille, Mr Thompson du CN

puits d'une profondeur de soixante-quinze pieds, elle fonctionnait en toute saison. On en tirait de l'eau fraîche, douce, limpide mais qui contenait trop de fluor. Elle ternira les dents de toute la famille si bien qu'après un an d'usage, la bombe* et les chaudrons seront percés. C'est pendant mon séjour au pensionnat chez les Soeurs de la Charité à Carleton que je me rendis compte que l'eau de cuisson tirée de notre puits n'avait pas bonne saveur.

Afin d'agrémenter le côté sud–est de notre terrain et ombrager la glacière* et la galancette*, les frères aînés avaient planté des peupliers, des sapins et des épinettes. Aujourd'hui, on ne peut trouver la moindre trace de la maison qui fut détruite par le pic des démolisseurs. Seuls, ces arbres ont su leur résister.

200

Trois marches conduisaient à la porte d'entrée de la grand-maison et donnaient sur la véranda. Contrairement à celle de certains voisins, la porte principale n'était pas condamnée en hiver. Elle était surmontée d'une petite fenêtre en forme de losange. Une forte poignée en cuivre enjolivait le tout. Durant la saison froide, un abri temporaire la protégeait du nordet.

Notre chez-nous – 1947

En entrant dans la grand-maison, le regard du visiteur traversait un long corridor qui menait à la porte de la cuisine. Un escalier droit menait à l'étage supérieur, aux chambres de nos parents, de pépère et celle de la fille engagée* et des enfants. Sous cet escalier, une armoire appelée cachemat* renfermait des petits racoins* où maman pouvait dissimuler tout ce qu'elle voulait dérober à notre vue. Les cadeaux de Noël, par exemple. Puisque cet endroit était noir, la peur nous empêchait d'aller y fouiner. On y rangeait aussi les suitcases*. A gauche, près de la porte de la cuisine, une lingerie étroite et haute sur laquelle s'appuyait le sofa. Sur ce mur, non loin de la fenêtre, notre père avait fixé le téléphone, cette boîte magique et mystérieuse qui faisait accourir la maisonnée au dreligne* de UN LONG–DEUX COURTS. Encastrée dans le mur opposé, alimentée par des noisses*, une fournaise de plancher répandait une douce chaleur durant les jours et les nuits froides de la Gaspésie.

A droite du corridor, les portes en bois de la Colombie* s'ouvraient sur le salon et la salle à dîner*, tous deux aux dimensions modestes dont les murs étaient recouverts d'étroites planches de bois invariablement peinturées couleur crème* alors que les boiseries étaient rouge vin. Deux fenêtres aux rideaux de dentelle donnaient sur les côtés sud et ouest, embellies par les géraniums aux fleurs roses et aussi par le pied–de–veau, plante préférée de notre mère. Un linoléum, aux motifs floraux, paraissait un véritable parterre au milieu duquel une petite table basse était couverte de bibelots. Une étagère–bibliothèque chargée de livres, récompenses reçues à la fin des années scolaires, était placée sous l'une des fenêtres. Un humble piano droit occupait un angle du salon. Sur ce meuble, on avait placé le violon de pépère Bugeaud[1] et le petit cadre doré renfermant les cheveux blonds de nos deux frérots, Victor et Gabriel, décédés en bas âge à quelques jours d'intervalle. Sur l'un des murs, la photo en ovale de nos parents, Lydia et Alexis-Joachim; des dessins à la plume ou au fusain, quelques toiles à l'huile complétaient la décoration du salon avec un chesterfield* et deux fauteuils de couleurs assorties. Cette pièce était réservée aux visiteurs et à certaines soirées intimes et musicales pour les jeunes de notre âge.

---

[1]Bona Arsenault, MALGRÉ LES OBSTACLES, pp.27-28. «... le père Simon Bujold était le grand musicien. Homme d'allure distinguée, il était, disait-on, «assez instruit pour être secrétaire de la municipalité, s'il l'avait voulu.» ... Quant au père Bujold, il était plutôt taciturne de nature et ce n'était pas tous les soirs qu'il avait le coeur à la musique. Mais lorsqu'il était dans son assiette» il vous dégringolait le «reel du pendu»... que son instrument en faisait du feu.»

Pénétrons dans la salle à manger dont les murs étaient peints de même couleur que celle du salon. L'ameublement se réduisait à un bahut contenant la vaisselle du dimanche*, à une table et des chaises en bois d'érable. Dans un coin de la pièce près de la fournaise de plancher, une trappe menait à une cave en terre battue. Cet endroit sans éclairage servait à conserver patates et autres légumes. Parfois aussi effrayé que nous, un rat nous passait entre les jambes. Dieu! que j'ai toujours détesté ce trou noir de la maison et son carré aux patates!

Mais restons à la salle à manger, le plus souvent transformée en salle d'exposition pour les chapeaux de Lydia. Le meilleur souvenir que j'ai gardé de cette pièce c'est celui où j'allais me cacher dans le replis de la lourde tenture verte qui la séparait du salon. Là, j'écoutais Lydia lorsqu'elle vendait ses chapeaux. Je la trouvais comique quand elle devait parler anglais. Avec de grands efforts, elle employait les seuls petits mots de cette langue qu'elle qualifiait de barbare: straw*, buckram*, velvet*, flowers*, brim*, braid*. Mots courants et essentiels pour servir sa clientèle anglaise et les Sauvagesses*. Mais maman savait se tirer d'affaire puisque ces dames ne connaissaient pas beaucoup plus de français. Malgré cela, pendant plus de trente ans, les chapeaux se vendaient...

Comme je l'ai déjà mentionné, un long corridor menait à la porte de la cuisine, cette vaste pièce qui ressemblait à un carré parfait. Son ameublement sommaire était plutôt rustique. Près des fenêtres jumelées, autour de la table à manger de forme rectangulaire s'allongeait d'un côté, le banc de bois mou sur lequel grand-père Babin et les plus jeunes des enfants occupaient une place assignée par les parents. De l'autre côté, une rangée de chaises droites pour les plus vieux pendant que père et mère se faisaient face.

Deux hautes armoires à linge* avaient des fonctions différentes selon les vêtements en usage. Dans la première, ma mère y enfermait le linge propre*; dans la seconde, près de la porte du tambour, les hardes* de tous les jours. Et au fond de celle-ci, nous rangions nos souliers de beu*, claques* et petits rubbers* commandés dans le catalogue de DUPUIS et FRERES. Ne fallait-il pas acheter à des magasin à rayons puisque les propriétaires étaient catholiques! Après les jours de pluie, «pouah»!, s'exclamait mon frère, Claude: «Ça sentait le goddam*! là-dedans, monsieur!»

J'allais oublier les trois chaises berçantes dont l'une au cric crac répété était la plus enviée par nous, les enfants. Elle était réservée aux adultes qui, parfois, prenaient les plus jeunes dans leurs bras pour un «tour de rolling chair», à travers le monde fabuleux de l'enfance. Et notre père se plaisait à nous chanter pour nous endormir:

> « C'est la poulette grise qui a pondu dans l'église
> C'est la poulette noire qui a pondu dans l'armoire...»

Au fond de la cuisine, derrière le poêle, se dressait l'immense cheminée de briques rouges qui prenait racine dans la cave. Elle traversait les étages en distribuant ses bouffées de chaleur pour déboucher à l'air libre et s'élever comme une sentinelle, six pieds au-dessus du toit de la maison. Elle bravait toutes les tempêtes et, par jours de grands vents, on la sentait branler. La peur qu'elle déboule* nous hantait. Cette cheminée était raccordée au poêle à bois en fonte, un MOFFAT à tablette et à miroir biseauté bourré de bois franc* en hiver, réchauffait puissamment la cuisine. Sur son flanc gauche, un réservoir fournissait l'eau chaude pour le lavage de la vaisselle et du linge. Ma mère disposait des chaises hautes devant le fourneau ouvert et les recouvrait de longs capots* cirés ou de vieux draps de flanellette derrière lesquels nous prenions notre bain, le samedi.

Souvent durant les jours pluvieux, je me réfugiais avec l'un de mes frères, dans la boîte à bois, près du MOFFAT pour chacoter* des éclisses* de bois de cèdre ou découper dans les catalogues de la saison passée, des beaux vêtements et des jouets de riches que nous allions coller dans les fenêtres. C'était notre magasin improvisé! J'ai souvenance que le dimanche après-midi, durant la saison froide, notre mère nous permettait de faire des «boudreaux» qu'on appelait également des «ties» sur les plaques du poêle chauffées à blanc. Ces rondelles de patates crues, du beurre dessus, du sel et de la graisse de rôt* nous régalaient.

En été, à l'heure des repas, ma mère allumait le MOFFAT avec des écopeaux* et la slab* alimentait le feu. Et nous, nous nous amusions à sauter sur le plancher branlant pendant que les tartes ou les gâteaux cuisaient au four. J'entends encore Marie-Anne, la servante, crier: «Hé! Hé! les enfants, arrêtez de courir devant le poêle, vous allez faire caler mon gâteau!»

Sur l'un des murs de la cuisine, le menuisier du village avait vissé une longue tablette que ma mère appelait «la tablette de l'horloge», sur laquelle elle avait posé une drôle d'horloge dont l'axe ressemblait à la tour de Pise. S'ajoutaient trois lampes à huile que mon père allumait avec les éclisses de bois et, les statues de plâtre de saints dont Antoine de Padoue, le favori de ma mère qu'elle passait son temps à invoquer, chaque fois qu'elle croyait avoir égaré ses ciseaux ou des aiguilles à coudre des chapeaux des belles dames, ses clientes. Sous la tablette de chêne, des crochets en forme de points d'interrogation disparaissaient sous les tuques, les casquettes et les bérets.

A l'heure du souper, en hiver ou par temps sombre, suspendue au-dessus de nos têtes, la lampe Aladin répandait sa lumière blanchâtre. Elle fut remplacée par un fanal à «gazoline» dont l'éclairage plus lumineux pouvait rejoindre chaque recoin de la cuisine. Ah! qu'il m'en a donné des peurs bleues, ce fameux fanal à gazoline! Lorsque je lui donnais trop de coups de pompe à main, l'essence s'écoulait très vite et le feu enflammait subitement la lanterne... Au risque de me brûler les mains, je la lançais dehors à bout de bras. Ma mère m'avait communiqué sa peur des incendies.

Pas de stores opaques devant les fenêtres. «Le soleil doit nous apporter ses rayons bienfaisants, disait notre père. C'est la santé! De plus, on a rien à cacher à personne,» ajoutait-il. Mais quel inconvénient lorsque le soir venu, on voulait danser dans la cuisine. En ce temps-là, la danse était défendue par l'Église. Pour se dérober à la vue des voisins et des passants, surtout pour ne scandaliser personne, on recouvrait les fenêtres de lourdes couvertures. Et, «Swing* la baquèse* dans le fond de la boîte à bois!», criait le calleur*. A bien y penser, que devaient imaginer ceux qui ne voyaient pas de lumière dans la cuisine des Babin, tandis que les autres pièces de la maison étaient largement éclairées?

Le coeur de notre maison, c'était vraiment la cuisine. Je crois qu'elle possédait une âme qui vibrait au rythme de notre existence même. Là, nous avons vécu l'amour, les joies et les peines qu'apportait la vie quotidienne. Tout comme le coeur du Seigneur, la cuisine était ouverte aussi bien à l'ami qu'à l'indigent qui savaient y trouver un refuge et l'hébergement aux beaux et mauvais jours. «Ouvre le coeur de ta maison», tel était le leitmotiv de nos parents.

Hélas, notre chère vieille maison pensait mourir de vieillesse comme ses voisins, les deux ormes. Après que notre mère l'eut vendue, elle fut démolie pour être remplacée par un joli bungalow dont les propriétaires sont Maurice LeBlanc et Marie-Laure Cyr, des amis de ma jeunesse.

Les arbres, tout ce qui reste de notre patrimoine familial, en arrière de notre maison qui fut démolie vers 1950. Le terrain est occupé par la résidence de Maurice LeBlanc et Marie-Laure Cyr, des amis de notre jeunesse

[Ces poèmes ont déjà été publiés à Laval, Québec,
le 1er mai 1971 dans une édition artisanale.]

Avec les hommages
de l'auteur
Mme Lydia Baleri
Laval des Rapides

14 Nov 1972

POÈMES MANUSCRITS DE LYDIA BUGEAUD-BABIN

SURVIVRE, mot que notre mère traçait sur une enveloppe dé-fraîchie en 1970, quelques années avant sa mort survenue en 1973. Reprenant ses poèmes manuscrits, je voudrais que la mémoire de Lydia survive et reste vivante dans nos coeurs. Je désire également la venger de son manque d'instruction qu'elle déplorait et qu'elle essayait de cacher aux yeux de tous, surtout à ceux de notre père qui possédait un diplôme d'enseignant tandis que notre mère avait à peine une troisième année primaire. Comme les Acadiens et les Acadiennes, elle avait peur du ridicule et cherchait toujours à se diminuer, elle, qui avait mis treize enfants au monde! De nos jours, on comprend mieux toute l'abnégation et le courage que notre mère a déployés pour que ses garçons et filles aient de l'instruction.

Cette bonne mère de famille était modeste comme le sont ses poèmes dédiés pour la plupart à ses enfants. Leur rédaction a comblé la solitude de sa vieillesse. «Je pense souvent à toi, dans ma chambre solitaire», écrivait-elle à sa belle-soeur Maria, soeur de son mari, qui demeurait à Berlin, N.H. Cette poésie toute simple a rempli ses jour-nées, au soir de sa vie:

> «La vie s'envole
> Comme plume au vent
> Elle vole, vole
> Sans s'arrêter un instant.»
> (.......................)

> «Se dire adieu!
> C'est mourir un peu
> Après s'être aimé
> Il faut se séparer.»
> (..................)

Ses écrits évoquent son passé et les divers moments les plus marquants de son vécu sous les thèmes de la nature, de la famille, de l'amour, de la musique:

«L'amour, quel grand mot
Qui veut dire beaucoup
La plus belle chose sur terre
Qui se dit sans manière.»
(........................)

Rendue à un âge assez avancé, 85 ans, l'écriture fut pour notre mère une bouée de sauvetage. Demeurant chez Cécile, l'une de ses filles, elle aimait s'isoler dans sa chambre qu'elle appelait son sanctuaire. Là, elle s'attardait à regarder d'anciennes photos qui lui permettait de ressasser ses souvenirs d'EMPREMIER qu'elle transformait en poèmes ou en petites anecdotes. Par mesure d'économie, elle s'épanchait sur des enveloppes usagées afin d'y jeter le trop plein de son coeur angoissé. Dans un état d'abandon, elle se livrait toute entière et semblait y trouver un regain d'énergie et de sérénité. Vingt ans après sa disparition, j'ai retrouvé parmi ses papiers ce petit fait assez cocasse dont le récit peut nous éclairer sur les activités de la jeunesse d'autrefois:

«De nos veillées de jeunesse, c'était de préférence chez Johnny F. Son épouse, Julie, nous invitait, nous, les jeunes filles du canton pour carder la laine. Le soir venu, les garçons des alentours venaient nous rejoindre. Julie profitait de l'absence de son mari pour faire une veillée de danse quand la corvée de cardage était terminée. Dans la maison de quatre pièces, il y avait peu d'espace. La séparation entre les deux principaux appartements, deux grandes portes, était enlevée pour le terrain de danse.

Ce soir-là, Johnny arriva du chantier sans avertir Julie. Lorsqu'il nous vit danser, une colère terrible s'empara de lui. Tout tremblait dans la maison. «Prenez la porte, bande de vauriens», cria-t-il. Pour nous, pris de panique, ce fut le sauve-qui-peut. En sortant, la porte fut enlevée par un des garçons. Il ne resta que les gonds.

Comme la nuit était venue et ne voyant pas la barrière, tous, on s'est jeté sur la clôture qui s'est écrasée. On vit Johnne prendre une carde pour donner une bonne râclée à sa femme et à ses deux filles. Nous, sur le chemin du retour, on entendait les lamentations et les cris qui venaient de Johnny F. Ce fut la fin de nos veillées chez Julie à Johnny. Heureux souvenir de notre jeunesse!»

Chère mère, vous aviez les mots pour le dire, que vous nous souffliez quand nous manquions d'imagination pour nos rédactions scolaires. Mais la manière d'exprimer vos sentiments si nobles, voilà où vous éprouviez de la difficulté. Cependant, vous nous avez appris qu'il ne faut jamais baisser la tête devant les contrariétés de la vie. Rares sont les personnes à posséder ce don. Vous l'avez si bien exprimé dans l'un de vos poèmes:

«Parmi les épines
Surgit la rose
Dans les ruines
Un renouveau s'impose...»

Notre mère avait le sens de l'humour qu'elle savait mettre à profit. Quand elle nous adressait des cartes de souhaits, elle avait la prétention de signer: «Ta mère, poétesse (sic), Lydia». Avec elle, on en riait bien.

Notre mère restera toujours vivante tant qu'on se souviendra d'elle. Ferait-elle partie de ceux et de celles dont la vie continue, même après la mort? Au fil de nos souvenances, nous ses enfants, nous sommes fiers et heureux de relire ses poèmes, signe d'une éternelle jeunesse!

J'aime

J'aime la nature
Ses bois et ses verdure
Il n'y a rien de pareil
Comme ces merveilles

J'aime le soleil radieux
Dans un ciel radieux
Quand il brille au cieux
Quelle ~~belle~~ jolie image

J'aime la lune au reflet d'argent
Sur les pentes enneigés
Pour éclairer nos jeux d'enfant
Le soir après souper

J'aime les fleurs
Et leurs mille couleurs
~~Et leurs parfum si~~
Au parfums si doux
Qui m'pénètre ~~jusqu~~
jusqu'à nous

J'aime

J'aime la nature
Ses bois et ses verdures
Il n'y a rien de pareil
Comme ces merveilles.

J'aime le soleil radieux
Dans un ciel sans nuage
Quand il brille aux cieux
Quelle jolie image!

J'aime la lune aux reflets d'argent
Sur les pentes enneigées
Pour éclairer nos jeux d'enfants
Le soir après souper.

J'aime les fleurs
Et leurs vives couleurs
Au parfum si doux
Qui pénètre parmi nous.

J'aime les oiseaux
Et leurs chants joyeux
Perchés très haut
Au matin dans les cieux

J'aime les vacances
Au bord de la mer
Où les bateaux se balancent
C'est toujours nouveau à voir.

J'aime les enfants
Aux yeux noirs ou bleus
A ton cou se suspendent
Surtout quand on est vieux.

J'aime la musique
Aux accords harmonieux
C'est une joie unique
Pour nous, les vieux.

La modiste

Entouré de ses Chapeaux
La modiste du coin
Elle les trouve beaux,
Car elle les a fais avec soin

Dans plusieurs Modèls
De rubens et de dentelles
Aussi de jolie fleurs
De toute les couleurs

Elle recoie la Cliantelle
Avec un beau sourire
Car parmie elle
Donc elle ne peut souffrir

Il y en a pour toute les visages
Mais il faut les choisir
Mais c'est bien dommage
Quand il faut revendre

La modiste

Entourée de ses chapeaux
La modiste du coin
Elle les trouve beaux
Car elle les a faits avec soin.

Dans plusieurs modèles
De rubans et de dentelles
Aussi de jolies fleurs
De toutes les couleurs.

Elle reçoit la clientèle
Avec un beau sourire
Car parmi elles
Certaines dames elle ne peut souffrir.

Il y en a pour tous les visages
Mais il faut savoir les choisir
Car c'est bien dommage
Quand pour les échanger, il faut revenir.

Dans les années passées
Il fallait d'un chapeau, se coiffer
Mais à présent
Tête nue, mes enfants.

La maison de mon père ~~a Nathalie~~ (end)

23

J'ai été l'autre jour
Voir La maison de mon père.
Ce fut un retour
A mes années premières

Près d'un vert bocage
Ou j'allais souvent
Demander de l'ombrage
Et l'abri du vent

Cette maison délabrée
Presque abandonnée
~~Est a B~~ ~~Une chose~~ unique
~~Au temps jadis, c'est~~
~~Connaître~~ une relique

Après bien des années
Que j'en suis séparé

J'aime y revenir
Pour en garder le souvenir

La maison de mon père

Je suis allée l'autre jour
Voir la maison de mon père
Ce fut un retour
Vers mes années premières.

Près d'un vert bocage
Où j'allais souvent
Demander de l'ombrage
Et à l'abri du vent.

Cette maison délabrée
Presque abandonnée
Est à Bonaventure une chose unique
Du temps passé, c'est une relique.

Après bien des années
Que j'en suis séparée
J'aime y revenir
Pour en garder le souvenir.

A mes enfants

Quand je serai parti
sans espoir de retour
Ne m'oublie pas je vous prie
Comme message de votre amour

Pensez a moi souvent
Car je serai toujour parmi vous
Surtout dans les Mauvais moment
Souvenez vous de votre Maman

Que vos bonne prière
Serons un don meilleurs
~~A Ma dernier heure~~
A ma fin dernière
soit un suprême adieu

soyez toujour unis
Comme en ce moment
vous serez béni
Par vos enfants

A mes enfants

Quand je serai partie
Sans espoir de retour
Ne m'oubliez pas je vous prie
Comme message de votre amour.

Pensez à moi souvent
Car je serai toujours parmi vous
Surtout dans les mauvais moments
Souvenez–vous de votre maman.

Que vos bonnes prières
Soient un don précieux
A ma fin dernière
Elles seront un suprême adieu.

Soyez toujours unis
Comme en ce moment
Vous serez bénis
Par vos enfants.

Votre mère, Lydia

LE MATIN

Un beau matin de printemps,
Au lever du soleil,
Cette grande merveille,
Qui nous apparaît en nous réchauffant.

Enfin, les oiseaux sont arrivés
Pour faire leurs nids
Qu'à l'automne dernier, ils ont fuis
Ainsi par leur chant, ils vont nous
                    enchanter.

Pour au loin, trouver la nourriture,
En ce matin de mai,
Sur les branches, ils sont perchés
Attendant la pature.

Ces beaux matins d'antan,
Le regard vers les cieux,
Le semeur tout joyeux
Regarde avec reconnaissance, son champ.

(Cette page est tirée du volume *LYDIA BABIN (poèmes)* publié en 1971)

Le matin

Un beau matin de printemps,
Au lever du soleil,
Cette grande merveille,
Qui nous apparaît en nous réchauffant.

Enfin, les oiseaux sont arrivés
Pour faire leurs nids
Qu'à l'automne dernier, ils ont fuis
Ainsi par leur chant, ils vont nous enchanter.

Pour au loin, trouver la nourriture,
En ce matin de mai,
Sur les branches, ils sont perchés
Attendant la pâture.

Ces beaux matins d'antan,
Le regard vers les cieux,
Le semeur tout joyeux
Regarde avec reconnaissance son champ.

J'aimais les épines
Surgis la rose
Dans les ruines
Le renouveau s'impose

25 Oct 97

Le puits

Au temps lointains
Pour avoir de l'eau
~~On avait pas puits~~
à part du puits artésien
Qui était nouveau à la main
C'était le puits creusé
Aux pique et la pelle
Avec l'aide des voisins
De tout cela je n'en rappelle

Mais pour de l'eau
Pas de robinet
~~Avec~~ une corde et un seau
~~Pour~~ pour puiser qu'il fallait

Armé sur la margelle
Je revois en pensée
Car il roule en la minuscule
Qui n'a pas été enlevé

Une pensée

Parmi les épines
Surgit la rose
Dans les ruines
La renouveau s'impose

Le puits

Aux temps lointains
Pour avoir de l'eau
A part du puits artésien
Qui était nouveau

C'était le puits creusé à la main
Au pic et à la pelle
Avec l'aide des voisins
De tout cela je me rappelle

Mais pour de l'eau
Pas de robinet
Avec une corde et un seau
Pour puiser ce qu'il leur fallait

Assise sur la margelle
Je revois en pensée
Car il reste en la manivelle
Qui n'a pas été enlevée

Voici pour lire à vos
vieilles grand mère
  La grand Mère

Je suis une grand-mère
au cœur généreux
Qui aime ses petits enfants
Et qui les veut heureux

L'amour que l'on a eu
Pour ses enfants d'antan
C'est aux petits-enfants
Que se retournent nos sentiments

Des têtes brunes ou blondes
Qui se penchent vers vous
Au regard si tendre (Clin
Ce sont de charmants ! bout de ...

La grand-mère

Je suis une grand-maman
Au coeur généreux,
Qui aime ses petits-enfants
Et qui les veut heureux.

L'amour que l'on a eu
Pour ses enfants disparus
C'est aux petits-enfants
Que retournent nos sentiments.

Des têtes brunes ou blondes
Qui se penchent vers vous
Au regard si tendre
Ce sont de charmants «bouts d'chou».

Ces petits ont l'âme pure et sereine:
C'est pour cette raison qu'on les aime.
Aussi près de la grand-mère,
Pour se faire bercer, ils se réfugient le soir.

Chers anges, dans mes vieux bras,
Vous demandez asile,
Que je ne vous refuse pas
Car en ce moment-là, je vous suis encore utile.

Que de peines, portent en eux
Des grand-parents malheureux.
Éloignés, ils rêvent souvent
A leurs petits-enfants.

Un peu à regret, viendra le jour
Où chacun son tour
On doit prendre le chemin
Pour aller rejoindre les «anciens».

Quant à moi, jusqu'à ce jour,
Je remercie le bon Dieu
D'être heureuse toujours
Puisqu'avec mes enfants, je vis au milieu d'eux.

> Une grand-mère heureuse
> Lydia

(Poème lu par Guy Provost lors de l'émission "Appelez-moi Lise" le 15 septembre 1970)

Alexis–Joachim Babin
chef de gare de Maria

Gare de Maria

A mon Alex, chef de gare

Le petit train

Partir le matin
Sur le petit train,
C'était une aventure,
Je vous l'assure.
Ses wagons en bois
Comme ce l'était autrefois;
Ses sièges si durs
Dépourvus de bourrure.
Sa longue cheminée
D'où sortait la fumée
D'un noir reluisant
Et de sons stridents,
Le charbon par pelletées
Sur le feu est jeté.
Le chauffeur avec misère
Entouré d'un flot de poussière
Sa figure est devenue
Le plus beau «noir» que j'ai vu.
L'hiver, pour se chauffer
Dans un coin, était installé
Une fournaise remplie de charbon
Comme de raison.
Aux jours chauds,
Impossible d'avoir de l'eau;
Pas de liqueur
Malgré la grande chaleur.

Dans le train, on était comme chez-
nous
Parce qu'il arrêtait partout.
Ça donnait le temps aux voyageurs
De prendre un peu de fraîcheur
Et même de manger des fraises
Tout à leur aise.
Les chassis tout grand ouverts
Pour donner un peu d'air.
La poussière du charbon
Qui entrait dans les wagons
Inutile de l'éviter
Le sort en était jeté.
Si l'on venait de loin
Il fallait, à Matapédia changer de train
Après une journée entière,
Passée dans le train
On arrivait... avec misère
Pour repartir le lendemain.
Aujourd'hui pour voyager
Tout le choix nous est donné,
Soit en auto ou en avion
On voyage en toute saison
Avec ces «grosses machines»
Remplies de «gazoline»
On a vite fait d'oublier... le petit train!
De la Gaspésie...

Ma chambre solitaire

Dans ma chambre solitaire
En mes dernière années
Ce fut un lieu de prière
Pour ceux que j'ai aimé

A mes chers disparues
il en fut de tous les ages
Dans mon cœur revenues
Et le moment le plus tard

De ne jamais les oublier
de mon Marie bien-aimée
Et celle qui fut mon aîné
Mes deux fils qui m...

Il sont avec moi toujours
Dans cette chambre solitaire
Je ferons toujours mes amour
Pendant ma vie entière

Cette chambre ensoleillée
Même en plein d'hiver
et vient me réchauffer
et faire oublier ma misère

Ma chambre solitaire

Dans ma chambre solitaire
En mes dernières années
Ce fut un lieu de prières
Pour ceux que j'ai aimés

A mes chers disparus
Il en fut de tous les âges
Dans mon coeur résolu
Et le moment le plus sage

De ne jamais les oublier
De mon mari bien-aimé
Et celle qui fut mon aînée
Mes deux fils qui m'ont quittée

Ils sont avec moi toujours
Dans cette chambre solitaire
Ils seront toujours mes amours
Pendant ma vie entière

Cette chambre ensoleillée
Même en ce jour d'hiver
Ils viennent me réchauffer
Et me faire oublier ma misère.

(Poème lu par Guy Provost lors de l'émission "Appelez-moi Lise" le 15 septembre 1970)

Coucher du soleil

Le soleil descend
Tous doucement
Dans un nuage
Comme une image

Que l'on contemple
Sans s'en rendre compte
Ce beau tableau
Toujours nouveau

Aux beaux jours d'été
Dans un ciel serein
Porte l'âme à rêver
A l'être divin

Qui a fait de la nature
Un si bel aventure
Cent un tableau charmant
Que un soleil couchant

Coucher de soleil

Le soleil descend
Tout doucement
Dans un nuage
Comme une image

Que l'on contemple
Sans s'en render compte
Ce beau tableau
Toujours nouveau

Aux beaux jours de l'été
Dans un ciel serein
Porte l'âme à rêver
A l'Etre divin

Que fit de la nature
Une si belle aventure
C'est un tableau charmant
Qu'un beau soleil couchant.

A tous ceux qui me sont chers.

L'ADIEU

Se dire adieu,
C'est mourir un peu;
Après s'être aimé,
Il faut se séparer.
La mort vient un jour
Séparer ce grand amour
Qui nous réunissait
Et qui ne reviendra jamais.
Au souvenir de cet adieu,
Le coeur se déchire un peu.
Les jours seront plus moroses
L'adieu en sera la cause.
Si je pars en voyage,
Laissant sur mon passage
Des êtres qui me sont chers,
L'adieu sera plus amer.

Un après-midi que j'avais les " bleus "
le 25 avril 1970.
Lydia Babin   (Bugeaud)

L'adieu

Ce dire Adieu
C'est mourir un peu
Après s'être aimé
Il faut se séparer

A tous ceux qui me sont chers.

L'adieu

Se dire adieu,
C'est mourir un peu;
Après s'être aimé,
Il faut se séparer.

La mort vient un jour
Séparer ce grand amour
Qui nous réunissait
Et qui ne reviendra jamais.

Au souvenir de cet adieu,
Le coeur se déchire un peu.
Les jours seront plus moroses
L'adieu en sera la cause.

Si je pars en voyage,
Laissant sur mon passage
Des êtres qui me sont chers,
L'adieu sera plus amer.

Un après-midi que j'avais les «bleus»

Lydia Bugeaud Babin
le 25 avril 1970

235

La vieillesse

À 86 ans
Il faut y penser
Mes chers enfants
Que c'est vite passer

Que d'événements
Des fois, malheureux
Ce fut triste par moment
Mais d'autres furent heureux

La vie a c en mystères
Parfois compliquer
Ne pas retourné en arrière
Plutôt oublier

Dans ma vieillesse
J'aimis mes petits enfants
Que de tendresse
M'entoure L ans

Mes quatre–vingt–six ans

J'ai mes quatre–vingt–six ans
Il faut y penser
Mes chers enfants
Que c'est vite passé.

Que d'événements
Plus ou moins malheureux
Ce fut triste par moments
Ou d'autres furent heureux.

La vie a ses mystères
Parfois compliqués
Mais ne pas retourner arrière
Il faut plutôt oublier.

Dans ma vieillesse
Parmi mes petits–enfants

(Petit poème écrit par maman Lydia le 21 novembre 1971 quelques jours
après son 86ᵉ anniversaire de naissance, le 17 novembre.)

Voiage a la lune
5 Fév 1971
L. Balin

Trois hommes
Bien décider
En sommes —
On voulue tanter

Ce voyage audacieux
Dans un vaisseau de l'air
Pour monter dans les cieux
Et de quitter la terre

Adieu, parents et amis
Adieu, amour et plaisirs
Pour ce voyage dans la nuit
Qu'il faut accomplir
Après des heurs entières
On est enfin arrivée
Sur cette terre de misère
Que nul ne doit envier

Voyage vers la lune

Trois hommes
Bien décidés
En somme
Ont voulu tenter

Ce voyage audacieux
Dans un vaisseau de l'air
Pour monter dans les cieux
Et de quitter la terre

Adieu, parents et amis
Adieu, amour et plaisirs
Pour ce voyage dans la nuit
Qu'il faut accomplir

Après des heures entières
On est enfin arrivé
Sur cette lune de misère
Que nul ne doit envier

Par un murmure
Pas un chant d'oiseau
Ni de verdure
Pas même d'eau

On est heureux
Après avoir vu tant de misère
Et de si tristes lieux
Sur la terre on trouve la vie moins amère

A nos intrépides voyageurs
Je lève mon chapeau
Que tous les honneurs
Soient à ces héros.

Les étoiles
Elles brillent dans le ciel
De milles étincelles
Ces âtres merveilleux
Créé par Dieu

Attaché au firmament
Comme des diamants
Celle du soir
Qui brille comme un miroir

Celle du matin
Qui disparait au loin
~~Celle du soir~~
~~Qui brille comme~~ ma ~~ten~~
À la levée du jour
Nous dit bonjour

Une nuit étoilée
Un beau soir d'été
C'est comme une toile
Que l'on peut admirer

Les Étoiles

Elles brillent dans le ciel
De mille étincelles
Ces astres merveilleux
Créés par Dieu

Attachées au firmament
Comme des diamants
Ces étoiles du soir
Qui brillent comme un miroir

Celles du matin
Qui disparaissent au loin
Au lever du jour
Nous disent bonjour

Une nuit étoilée
Un beau soir d'été
C'est comme une toile
Que l'on peut admirer.

La petite source

Sur la terre
De mon père
Au pied d'une colline
Une source coule en sourdine

Cette eau si pure
Bienfait de la nature
Aux chaleurs de l'été
Allez a la source te désaltérer

Après 50 ans
Quelle changement
La petite source
Parmie le bois en repousse

Coule toujours lentement
Comme un filet d'argent
J'espère encore y revenir
Pour en garder le souvenir

20 oct 1970

La Petite Source

Sur la terre
De mon père
Au pied d'une colline
Une source coule en sourdine

Cette eau si pure
Bienfait de la nature
A la chaleur de l'été
Aller à la source se désaltérer

Après cinquante ans
Quel changement!
La petite source
Parmi le bois en repousse

Elle coule toujours lentement
Comme un filet d'argent
J'espère encore y revenir
Pour en garder le souvenir.

Le jour de l'an

C'est le jour de l'an
Réunion des parents
C'est le temps de pardonner
Les fautes passées

La pensée du père
La réprimande de la mère
La taloche du grand frère
Et la sœur la même manière

On a bien mangé
Et aussi dansé
Tous le monde est heureux
Même les vieux

Après la veillée
Il les faut se séparer
Après s'être promis
D'être toujours unis

Le jour de l'An

C'est le jour de l'An
Réunion des parents
C'est le temps de pardonner
Les fautes passées

La fessée du père
La réprimande de la mère
La taloche du grand-frère
De la soeur, la même manière

On a bien mangé
Et aussi dansé
Tout le monde est heureux
Même les vieux

Après la veillée
Il faut se séparer
Après s'être promis
D'être toujours unis.

Notre mère Lydia
85 ans, chez Bernadette

Moi, Diane Fortin, son mari Roland Bujold
fils de Jean-Jacques Bujold
mariage le 7 décembre 1985 de Diane et Roland

Dédié à ma grand-mère Lydia Babin

Vingt-quatre heures

La nuit vient sur nous, on ne sait comment.
Tout à coup le jour s'assombrit un moment
Pour laisser à la lune une place au firmament;
Les étoiles y apparaissent et c'est le commencement.

La nuit guette l'homme à son sommeil.
Pour lui c'est le moment d'ivresse,
D'y voir cette lune en éveil
Faisant place à ces millions de richesses.

Au doux silence de ce tourment,
Seul parmi un monde dormant
Le solitaire prend enfin un instant
Pour réaliser sa vie vraiment.

Soudain, un bruit vient rompre le silence.
Le jour déjà longtemps attendu
Le travailleur suit sa cadence
Une autre journée, un autre début.

Roland Bujold

fils de Bernadette

a Bernadette

Les meilleurs voeux

Afin que cette journée

Soit vraiment d'entre toutes

La plus sensationnelle

HEUREUSE FÊTE

Ta mère poétine

Lydia

A Bernadette

Le grenier

O Paradis de son enfance
Que de joies tu lui as procurées!
Et aussi que de punitions tu lui as attirées!
Pourquoi? C'était le bon temps de l'innocence.

Ce lieu sombre et solitaire
Sous le toit de la maison
Cet endroit de mystères
Que Berno aimait à foison.

Montée au grenier
Pour mieux «fouiller»
Elle croyait tout trouver
Comme dans les contes de fée.

Toutes sortes d'objets
Qu'elle imaginait
Dans ce lieu enchanté,
Rempli des choses du passé.

C'étaient des vieux chapeaux,
Des rubans et des plumeaux
Aussi de la voilette
Ainsi que des aigrettes.

Dans ce lieu bien souvent
Où la trouvait sa maman,
Berno avec une lampe allumée,
La maison aurait pu tout flamber.

De mettre le feu en ce lieu,
Mit sa mère en colère.
Bedette ne fit ni un ni deux
Et se protégea «le derrière».

Car aux temps passés,
C'était la mode de la fessée;
Les visites au grenier
Furent donc abandonnées.

Les maisons, de nos jours,
N'ont plus de greniers.
Cependant Berno comme toujours
Du grenier, aime à rigoler.

Souvenir de Maman 1970

249

À TRAVERS NOS PEURS ET NOS MENTERIES

Petits faits, anecdotes et souvenirs sortis de notre imaginaire et qui furent sans doute vécus durant notre enfance et notre adolescence à la maison familiale.

1. Au grenier de mon enfance

O paradis de mon enfance, que de joies tu m'as procurées! Et, que de punitions tu m'as attirées! Pourquoi ces châtiments pour des enfantillages? J'avais pris la vilaine habitude d'aller fouiner à l'étage supérieur de la maison. C'est pourtant là un endroit féérique pour une enfant de quatre à cinq ans. Ainsi qu'Alice au Pays des Merveilles, je rêvais d'un monde fantastique. Il semblait que j'allais découvrir dans les malles entreposées au grenier, des trésors que seule pouvait créer mon imagination toujours en éveil.

Qu'est-ce qui m'attirait tant au grenier? D'abord les albums de photos, celui des cartes postales sur lesquelles je faisais connaissance avec des oiseaux à plumes rouges, des rouges-gorges, ai-je appris un peu plus tard. Les cartes-correspondance de mes parents échangées lors de leurs fréquentations. Elles étaient une découverte intéressante pour moi. Vraiment, sous les combles, je découvrais un monde nouveau et combien de fois l'ai-je fréquenté?

Sans en être consciente, au cours de mes visites dans ce lieu secret, j'entrais en contact avec les ancêtres: l'aïeul, Joseph Caissy, père de ma grand-mère maternelle, Zoé Caissy. L'une des photos me révélait Frédéric Babin, le frère de mon père, qu'on appelait l'oncle Fred. Il m'a toujours intriguée celui-là. Sur l'image, il portait l'uniforme militaire. Un jour, Alex m'a raconté que son frérot avait fait la guerre 14-18. «C'est le héros de notre famille, me disait-il, puisqu'il a eu le courage de traverser les mers pour défendre ses compatriotes au péril de sa vie.» Je ne le savais pas alors, mais je me le suis avoué plus tard, que j'avais une secrète admiration pour les exploits de ce Don Quichotte que me dévoilait la photo.

N'étant pas d'âge scolaire, durant les longs jours de l'hiver, je cherchais à quoi je pourrais occuper mon imagination «un peu trop fertile» aux dires de ma mère. Souvent, on me cherchait. J'avais disparu. Où étais–je? Mais au grenier, voyons donc! J'y entraînais mon plus jeune frère, Eugène, pour aller jouer à «la madame». Se déguiser tenait une grande place dans nos jeux d'enfants. Je fouillais dans les malles remisées sous les combles pour y découvrir des jupons rapiécés, des robes démodées, des châles mités et des bottines vernies à boutons. Délaissant ces chiffons, je me rabattais dans l'armoire de la modiste, Lydia ma mère, pour y sortir une pièce de velours orangé dont je me drapais. J'agrémentais ma toilette d'un long boa qui perdait ses plumes. Il avait déjà appartenu à Laure, ma grande soeur. Avec un chapeau défraîchi garni d'une aigrette, d'un bouquet de poils ou de plumes, je me mariais avec Eugène. En voyage de noces, on s'aventurait tous les deux dans la partie sombre du grenier. Pas de chandelle, surtout pas de lampe à huile! Il nous semblait entendre des bruits insolites qui venaient troubler notre ravissement matrimonial. A la pensée des fantômes et, surtout des revenants, la peur nous faisait pousser des cris qui alertaient la maisonnée. Aussi rapidement que possible, notre mère venait à notre secours pour nous calmer et nous faire descendre vite l'escalier étroit du troisième étage. Finies les félicités du mariage!

Ce lieu magique était également l'entrepôt où ma mère faisait ses réserves de chapeaux selon les saisons. En Gaspésie, à cette époque, on ne comptait que deux saisons pour la vente de coiffures pour dames: un hiver très long suivi d'un demi–printemps. A peine un été assez court, déjà apercevait–on l'automne qu'on retombait en hiver. Des farceurs de chez–nous disaient qu'en réalité, on n'avait que deux saisons par année en Gaspésie: l'hiver passé et l'hiver qui s'en vient!

Dans de longues boîtes de carton venant de chez «Charlebois Hats», étaient soigneusement emballés les bibis. Un jour comme j'y fouillais, ô surprise! le diable avait dû y placer une attrape car je me retrouvai une pince au bout du doigt. Aussitôt, je pensais qu'un homard ou un crabe vu sur le rivage de la baie des Chaleurs, m'avait mordue. Je criai, je pleurai. Je voulais qu'on vienne me délivrer de ce monstre. A ma courte honte, je dus me rendre à la cuisine faire

254

enlever par notre servante, Rose, le pince-cravate de papa qui me pendait au bout de l'index!

Tous les jours, je continuais mon pélerinage au royaume de mes rêves. Un matin, par hasard, j'y découvris un petit pot brun contenant deux ou trois grosses pilules gélatineuses. J'appris plus tard, que c'était une médication recommandée par un gynécologue de Montréal. Ma mère alors âgée de trente-huit ans, l'avait consulté à propos de la fécondité de ses ovaires. Oui, en effet! quatre ans sans accoucher, ce n'était pas normal même si elle avait déjà huit enfants. A cette période historique des années 20, la morale chrétienne prêchée par les curés, prônait qu'une mère se devait d'avoir tous les enfants prévus par la nature. Finalement, avec le traitement prescrit pour les ovaires de Lydia, on s'est retrouvé treize à table!

Petit événement cocasse qui me revient à la mémoire. Marguerite, une cousine plus âgée, savait avec finesse exploiter mon imaginaire naïf et ingénu. Elle m'assurait que dans leur grenier, elle pouvait pêcher à la ligne, dans un large trou, mille petits trucs que nous pourrions échanger contre ce que je retrouvais en réalité dans mon monde fantastique et mystérieux. Un jour je me rendis compte que le libre-échange ne se faisait qu'à sens unique du côté de la cousine. Elle affirmait avoir échappé ses prises et que c'était partie remise. Je pris du temps à comprendre avec mes sept ans, que j'avais été dupée par Marguerite. C'est aussi le jour, ajouterai-je, où j'appris à raconter des peurs et des menteries!

Paradis de mon enfance! tu as su peupler ma créativité de mille fantaisies et me faire voyager au pays du rêve et de l'innocence. Même si j'ai accumulé les punitions mérités par mes étourderies, je garde le souvenir intense de grandes joies: celle entre autres d'avoir appris la joie de vivre au rythme des jours.

Frédéric Babin
appelé l'oncle Fred
frère de
notre père

Joseph Caissy
père de Zoé Caissy
mère de
notre mère

Le temps des
fréquentations de
Lydia et Alexis
1906

Union universelle postale
Carte postale – 1906

Calèche à Québec – 1906
(*Roméo Roussil, Éditeur, Montréal, no. 117*)

Ce que peuvent s'écrire... les amoureux!

Alex enseigne à Maria. Plus tard, abandonnant cette profession, il deviendra chef de gare. Toujours à Maria et ce, durant 26 ans.

Pendant ce temps-là, tous deux font 13... beaux enfants! Et... ils restent dans l'Est!

Lydia exercera le métier de modiste de chapeaux jusqu'en 1945. Ensuite, elle viendra habiter à Montréal chez ses parents.

«Au grenier»
Eugène et moi
on se mariait

Eugène
par modestie
s'était gratté
le visage
vers 1924–25

2. Le train

Dans notre vie familiale, le train avait une immense importance. Durant près de trente ans, papa fut chef de gare à Maria, en Gaspésie. Lorsqu'il devint malade, son fils Claude, sixième de la nichée, le remplaça pendant nombre d'années. Puis un beau matin, Irénée, celui qu'on a toujours appelé René, lui succéda.

Une fois par jour, le train faisait la navette entre Gaspé et Matapédia. Au temps où la locomotive était chauffée au charbon, il poursuivait son trajet avec une lenteur évidente. A voir son allure, on lui soupçonnait une grande fatigue. Il s'arrêtait à la petite station de Maria, tout époumonné, en sueur, mal en point comme un cheval qui a eu maintes difficultés à monter une côte escarpée, traînant derrière lui une lourde charge ou roulant en équilibre sur des «tracels*». Pourtant, ce n'était pas la vitesse qui le tuait! Pour badiner, des voyageurs disaient avoir eu le temps de compter les poteaux de téléphone, ou en été, de sauter du train pour aller cueillir des fruits sauvages qui longeaient la voie ferrée.

On courait à la gare à l'heure des trains pour voir, calés jusqu'au nez, sur les banquettes de peluche verte, tous ces inconnus dont on ignorait la destination. De temps en temps, on apercevait des visages familiers à qui on faisait signe de la main. Puis, on conversait avec les employés du train qui nous connaissaient depuis notre tendre enfance. Mais ce qui nous intéressait surtout, c'étaient les passagers qui descendaient du train. Ils nous apportaient les nouvelles d'ailleurs. «La gazette du village», disait-on.

Tous les ans, à chaque saison estivale, grand-père Babin se rendait dans son pays, à Bonaventure, pour y passer une semaine, question de visiter la parenté. Pendant des mois on l'entendait répéter:

– Betôt, j'vas vous quitter.

Pour lui, ce court trajet (à peine quarante-cinq milles), lui semblait toujours le dernier. Il s'y préparait des semaines à l'avance, en fixait la date au calendrier, demandait à papa de lui préparer son billet quelques jours plus tôt. La veille de son départ, il allait même porter ses bagages à la station. Le lendemain, à onze heures de l'avant-midi, il arrivait sur le quai de la gare et s'assoyait sur un bout de madrier. Il guettait le train d'une heure et demie qui venait de Carleton et qu'on pouvait apercevoir des milles plus loin. Il demandait à papa:

– Quelle heure qu'il est Alex? Le train s'en vient-il, Sacré-Coeur!

Il était tellement heureux de retourner dans sa place natale que de manquer le train ce jour-là aurait été un vrai sacrilège. Une dure épreuve pour lui! Des jeunes «flows» qui le connaissaient, lui criaient en passant:

– Vous allez le manquer, le père Craig!

Il grognait et sans les regarder, il leur répondait:

– Je le sais! Je le sais! Espèce de p'tits malappris!

Pepére Babin, on l'aimait bien. Aussi, on se rendait à la gare, vers une heure, pour «aller le conduire au train» et lui faire nos adieux. Surtout lui demander de nous rapporter des cadeaux et ... des bonbons.

Quand le train se pointait à l'horizon, grand-père brusquement nous quittait et, se redressant, il agitait son mouchoir rouge à points blancs en criant à la locomotive, car il connaissait l'ingénieur, monsieur Jack Allard:

– Arrête Jack! Arrête! j'embarque, Sacré-Coeur!

L'aïeul nous revenait au bout d'une semaine tout regaillardi et prêt à nous taquiner avec sa canne, nous accrochant une jambe pour nous faire trébucher. La chicane éclatait. Nous, on pleurait. Maman n'était pas contente. Grand-père se sentait persécuté et maugréait entre ses dents:

– On sait ben, quand on aime quelqu'un tout est permis!
Il faisait allusion au grand-père Bugeaud, père de notre mère.

Tôt le soir, avant d'aller se coucher, grand-père Babin nous donnait la main et avec le plus grand sérieux du monde, nous disait: «Chicane». Il voulait dire shake-hand. Maman lui disait:

– Pepére! vous ne trouvez pas que les enfants se chicanent assez dans la maison?

Grand-père Babin fut un personnage imposant dans notre vie d'enfant. Grande fut notre peine lorsqu'il nous quitta pour aller vivre à Montréal, chez tante Irène, soeur de papa. C'est là qu'il mourut en 1938, à l'âge de quatre-vingts ans passés.

La gare de Maria

Le train

venant

de Gaspé

La station de Maria
On allait à la station conduire pepère Babin qui prenait le train

Le train

venant de

Matapédia

3. Te souviens-tu?

L'autre jour, mon frère Claude me dit: «Te souviens-tu, nous autres, quand on était jeune comme on se trouvait laid. On a longtemps pensé qu'on avait le visage fait avec des retailles de grimaces. Pour le prouver, surtout nous, les garçons, on se grattait la face sur les portraits de famille. C'était par modestie ou par désespoir de cause? Cherche donc!»

Et moi de lui rappeler que mon arrivée à Montréal avait été une catastrophe. Ce que j'ai fait rire de moi avec mon accent et mes expressions gaspésiennes. J'ai souvent été vexée, moi l'institutrice, la maîtresse d'école vénérée et respectée dans mon village! Je me pensais un personnage important. J'ai vite déchanté. Un après-midi, rue Mont-Royal, je suis entrée dans un magasin de vêtements pour dames pour m'acheter une «robe propre». «Ici, nous ne vendons que des vêtements propres», me dit sèchement la vendeuse toute insultée.

Je quitte aussitôt la boutique pour m'engouffrer dans la suivante. Hélas! c'est la même vendeuse qui me défie avec son allure hautaine, méprisante. Là, vraiment, je me trouve plus sotte que je l'aurais imaginé. Pourquoi ne suis-je pas restée en Gaspésie où tout était plus facile?

Je me rends vite compte que les Montréalais et moi ne parlons pas le même langage. Dans ma grande ignorance des moeurs urbaines et avec mon fort accent acadien, je n'ai pas osé avouer que je voulais acheter une «robe du dimanche», celle qu'on revêtait pour aller à la grand-messe et qu'on enlevait dès le retour de l'église.

Comme j'allais être scandalisée de voir dans le tramway, le dimanche, les gens habillés à-la-va-comme-je-te-pousse et sur semaine, ces mêmes personnes vêtues de leurs plus belles toilettes pour se rendre au travail. Je me dis que dorénavant je devais m'adapter si je voulais devenir une des leurs, faire partie de la communauté urbaine et me revêtir de «mon linge propre» pour aller travailler à l'extérieur.

«Vaux mieux en rire qu'en pleurer», me dit Claude. Il souriait et inclinait la tête dans ma direction avec un air de tendresse toute fraternelle. Nous regardant droit dans les yeux, nous éclations de rire.

1946
Mon premier
hiver à
Montréal

Un dimanche après-midi ensoleillé du mois de mars 1925
(Photo prise par l'oncle Amand (Ben) Bugeaud, le frère de notre mère)

4. Torine

Ah! la vache. Quelle sacrée vache! Pourtant, avec mon frère Claude, que de plaisir nous avons eu à pêcher dans le ruisseau d'Adhémar tout en surveillant notre TORINE qui broutait les maigres herbes de chaque côté des rails du chemin de fer. C'était le «clos de notre vache», la pourvoyeuse de lait pour la famille.

Un jour, trop occupés à pêcher, Claude et moi, on ne se rendait pas compte que le train s'en venait. Alors que TORINE allait s'aventurer sur la voie ferrée. Elle traînait derrière elle sa longue chaîne qui commençait à s'emmêler dans les dormants qu'on appelait des «ties», sortes de traverses supportant les rails.

O catastrophe! Le train s'avance et TORINE est immobilisée devant le monstre noir. Elle a beau beugler et tirer sur sa chaîne... rien ne bouge. Le sifflet de la locomotive se met à retentir. L'engin n'a que le temps de stopper à quelques pieds de la pauvre bête qui se met à pousser des meuglements à fendre l'âme. Coupant la chaîne avec ses tenailles, l'un des mécaniciens délivra la pauvre bête. Pendant tout ce temps, mon frère et moi, cachés derrière le bosquet qui longeait le fossé, Dieu! qu'on se sentait fautifs et impuissants devant la mésaventure de notre TORINE.

Il nous fallait revenir à la maison, mais... quand? Se présenter devant notre père et subir le châtiment qui nous attendait? Papa ne manqua pas de nous donner une bonne correction pour avoir été irresponsables, mais après nous avoir punis, il vint nous caresser les cheveux et nous donna une tape sur les fesses tout en nous recommandant d'être plus sérieux la prochaine fois. Il ajouta qu'en perdant TORINE nous aurions été privés de lait pour un joli bout de temps.

Torine devant les
montagnes de Maria

5. Vie de famille

Née d'une famille nombreuse sur les bords de la baie des Chaleurs en Gaspésie, c'est avec un brin de nostalgie que je me rappelle mon adolescence. Mes parents d'ascendance acadienne habitaient Bonaventure. C'est par un pur hasard si nous, frères et soeurs, avons vu le jour à Maria. Notre père y enseignait depuis plusieurs années. Après son mariage avec notre mère, Lydia Bugeaud, tous deux décidèrent de se fixer à Maria où papa devint chef de gare au CN. Maman, femme énergique, mit au monde neuf garçons et quatre filles. Quelle famille! «Belle famille!» disait le curé de la paroisse. «Treize à bord» comme aurait dit Félix Leclerc ou «Treize à la douzaine!» Notre mère tenait un commerce de chapeaux malgré toutes les occupations que pouvaient occasionner une si grande famille. Mes parents semblaient bien s'aimer. S'ils eurent tant d'enfants, ça venait sûrement de la confiance qu'ils avaient l'un envers l'autre et ce qu'ils entreprenaient ensemble ne pouvait qu'être un succès.

Papa était un raconteur-né. Il profitait des sorties de maman en visite chez ses amies pour nous réunir autour du poêle, sous la lumière diffuse de la lampe à huile de la cuisine. Et à ce moment-là, il avait le don de nous faire rêver de châteaux, de fées, de bateaux mystérieux et à mille aventures fantastiques. Nous étions pour lui un auditoire fasciné. Avec nous, il était assuré de faire salle comble, du parterre au poulailler.

J'ai toujours soupçonné que papa s'ennuyait de l'enseignement. Il affichait un peu partout dans la maison, des emplois du temps, des tableaux de verbes à conjuguer, des mots nouveaux à définir, des problèmes à résoudre. La maison devenait une véritable ruche. Dès qu'il était capable écrire, chacun devait cocher l'emploi désiré et y inscrire son nom. Les travaux scolaires étaient récompensés selon les mérites des intéressés: sous, pommes et parfois une orange. Une vraie compétition s'établissait entre nous et souvent avec nos cousins et cousines.

Durant les vacances estivales, ceux qui désiraient un petit supplément d'argent de poche, pouvaient faire des propositions écrites et cachetées: peinture de la clôture, désherber le potager, surveiller TORINE, notre vache qui broutait sur la voie ferrée et, quoi encore...

Quant à notre mère, elle se réservait le moment du dessert –la plupart du temps, une tartine de pain trempé dans la mélasse –pour nous faire le récit du roman fleur bleue qu'elle lisait dans le quotidien L'ACTION CATHOLIQUE. Pour nous, les enfants, le récit était aussi intéressant que les contes de papa.

Maman avait également réservé dans son emploi du temps un moment pour la prière après le souper, une fois la vaisselle lavée et rangée. Mes frères et moi, on s'aimait bien, mais quand venait l'heure du chapelet, souvent les tirailleries et les chicanes nous divisaient. L'un attrapait mes longues tresses blondes. Plus terrible encore, un autre me faisait des grimaces ce qui avait le don de me faire crier et les parents de me punir en me laissant à genoux plus longtemps. L'oeil perçant de papa et sa seule main diablement leste – il avait eu le bras gauche coupé dans un accident – faisaient que j'y goûtais plus souvent qu'à mon tour. Je préférais les stations agenouillées. A ce moment–là, le désir de vengeance germait dans mon jeune coeur.

Un soir, que j'étais en colère contre Édouard, le plus vieux de mes frères, je lui lançai en pleine figure, une vieille mitaine de cuir qui par malheur lui atteignit l'oeil gauche qui se mit à couler. Mon frère dut se faire enlever l'oeil qui fut remplacé par une prothèse oculaire en verre. J'en suis encore malheureuse malgré tant d'années passées. Ah! mes frères, je les aimais bien et je les aime peut–être plus en vieillissant: je me suis rapprochée d'eux.

De mes soeurs, j'ai gardé souvenance d'un événement assez drôle. Il était bigrement rare que notre mère dise des GROS MOTS. Un jour si elle l'a fait, c'était absolument exceptionnel car elle croyait à la vertu du bon exemple et voulait le donner. A ma connaissance, une seule fois je l'ai vue dans l'une de ces colères où l'éducation disparaît soudain comme le maquillage sous la pluie ou la sueur. Oui, la fois que maman s'était aperçue qu'Alma, notre plus jeune soeur, avait des poux plein la tête à son retour de l'école. Ah! quelle horreur! même si c'était la mode chez les écoliers.

«Bon Yeu! Veux-tu bien me dire où tu es allée te fourrer pour arriver ici la tête pleine de varmines*? Tu vas tous nous contaminer avec ça, p'tite MAUDITE!» BONTÉ DIVINE! était pour maman, toujours maîtresse d'elle-même le pire juron qu'elle n'eût jamais dit. Le mot MAUDIT devenait inquiétant dans la bouche de notre vénérable mère. Elle ne fit ni un ni deux et rasa la tête de la malheureuse victime en la badigeonnant d'huile de charbon. Le crâne tout dégarni, Alma ne cessait de pleurer. Elle faisait pitié à voir. Elle osait à peine sortir de peur de se faire agacer par les petits voisins et refusait même d'aller à l'école. Elle gardait une tuque sur sa tête vingt-quatre heures par jour. Mais son plus gros chagrin ce fut de voir ses cheveux tomber sous les coups de ciseaux de notre mère irritée et qui se retrouvèrent dans le poêle à bois alors allumé pour faire cuire le souper. Dieu! que ça sentait le cochon grillé...

Quand j'y pense et que je vois papa souriant, son calme devint effrayant devant l'attitude de maman qui n'en démordait pas de vociférer mille imprécations. Pauvre elle! J'ai cru comprendre par la suite que son emportement était justifié puisqu'elle dut épouiller le reste de la famille y compris les deux «pepéres» Bugeaud et Babin, également infestés.

Lydia, notre mère, comprenait la plaisanterie, c'est entendu. Mais, elle la saisissait mieux plusieurs semaines après coup que sur le moment même. L'histoire d'Alma nous a longtemps fait rigoler et elle est aujourd'hui l'une de nos blagues favorites sauf pour notre plus jeune soeur...

Certaines personnes bien intentionnées disaient volontiers que nos parents avaient trop d'enfants puisqu'il leur arrivait parfois de ne pas les reconnaître. Un jour, maman avait confié la nichée à papa pendant qu'elle était au magasin général. A son retour, elle lui demanda si tout avait bien marché.

– Comme sur les roulettes, avait-il répondu, sauf ce petit mal élevé là-bas dans le coin. Une bonne gifle l'a vite remis d'aplomb.

– BONTÉ DIVINE! Mais Alex, cet enfant-là n'est pas l'un des nôtres, dit notre mère tout énervée. Tu n'as pas reconnu le petit André de chez Médée?

Encore une fois, papa a bien ri parce qu'il n'aimait rien tant que l'humour surtout lorsqu'il mettait sa Lydia en boîte.

Ah! la famille! Il faut s'en éloigner pour donner cours à la mémoire où les souvenirs d'âges divers se superposent, se fondent et composent un tableau d'une colonne d'expériences désagréables et une autre colonne d'heureuses réminiscences. En en faisant le bilan, l'esprit de famille particulièrement développé chez-nous, fait que la dernière colonne l'emportera sur la première. QUELLE FAMILLE! que la nôtre, tout de même...

Alma
Ses cheveux ont
quand même repoussé!

René, moi, Benoît sur la bicyclette
Frédéric Dugas, Eugène et
Claude dont on ne voit pas le visage

6. L'enchanteur

Sam Farah, «un grand jack» comme disait ma mère, mesurait sûrement sept pieds. Il avait le teint brunâtre comme brûlé par le soleil de l'Orient. Son visage mal rasé arborait quand même une fascinante moustache en crocs. Avec son air énigmatique, on le soupçonnait, nous les flows*, de posséder des puissances mystérieuses et maléfiques. Ses yeux étaient noirs comme du jais. On les pensait mauvais, nous tous, aux yeux bleus. Son regard nous pénétrait jusqu'au fond de l'âme au point de nous tenir à distance. «C'est un juif», disaient certaines personnes bien intentionnées. Raison de plus pour justifier notre crainte, car peut-être était-il l'un de ceux qui avaient crucifié le Christ, tel que nous l'enseignait le catéchisme?

Parti de Syrie au Moyen-Orient, chaussé de ses sandales et une soif d'aventures aux lèvres, il arpentait sans relâche nos campagnes gaspésiennes les plus reculées, en passant de paroisse en paroisse. Nous les jeunes, on s'imaginait qu'il était venu des vieux-pays* en portant sur son dos, ce gros havre-sac en cuir brun retenu par de larges courroies, qui à la longue, lui avaient creusé les épaules. Il allait comme ça, de maison en maison, de Campbelton à New-Carlisle pour vendre sa marchandise. Il avait son port d'attache à Maria, chez Frédéric Bujold surnommé «Noume», m'apprenait Florence Gagné-Guillemette, une amie et l'une de mes compatriotes.

Quand Sam Farah arrivait chez-nous, c'était la fête! Même si avec un frisson on prononçait son nom à voix basse, piqués par la curiosité, on s'approchait timidement de la grande table de la cuisine qui servait d'étalage à ce grand géant sorti tout droit des «Mille et une Nuits», que nous racontait notre père. De son grand sac, la sortirait-il la lampe Aladin qui pouvait apporter la fortune, telle que promise par le conte? Non! mais que d'idées, d'images et de rêves, il suscitait en nous sans que nous en soyions conscients, avec ses pièces de crêpe de Chine aux couleurs multiples dignes des plus belles reines d'Éthiopie.

Devant ce Syrien enchanteur et ses produits de pays exotiques, on ignorait qu'il nous faisait faire le tour du monde ou du moins le tour des pages de notre atlas de l'école «Modèle» de Maria. C'était tout un événement pour nous dont les voyages se réduisaient à un aller–retour imaginaire de la maison à Québec, sur nos chaises alignées autour de la cuisine, le soir après le souper. Sam s'amusait à étaler devant nous des montres suisses aux chiffres romains, des chaussures italiennes, de l'eau de Floride qu'on appelait du «sent bon» et même un chapelet de corail, d'ambre et d'argent qui aurait déjà appartenu à un imam, fonctionnaire dans une mosquée comme chef de prières. Peut–être, disait le colporteur, ce chapelet avait–il été porté par une femme comme un simple collier. Deux ou trois bols de porcelaine de Limoges frôlaient une brosse faite de poils de chameau du Sahara. Pendant qu'un album de cartes postales retenait notre attention, Sam en profitait pour refiler à notre servante–couturière, que tout le monde appelait Rose à Polythe, une petite boite ronde contenant du «snoff», une espèce de poudre de tabac à priser des Antilles. Mademoiselle Rose s'empressait de dissimuler le péché mignon sur sa poitrine dans sa matinée* qu'elle déboutonnait et reboutonnait prestement.

Sam Farah n'en finissait plus de sortir des merveilles de cette hotte ésotérique. C'étaient des pièces de monnaie: un rial troué de l'Iran, un centime d'Algérie et un franc marocain. S'ajoutaient deux ou trois billets de banque qui n'avaient de valeur que pour les collection-neurs.

Un jour, à l'occasion de sa tournée bisannuelle, Laure, notre soeur aînée, lui présenta une bague. Sam se mit à l'examiner. Ce bijou, prétendait-il, venait d'Istamboul. Il refusa de l'acheter. Il venait d'apercevoir une inscription qu'il préférait ignorer. «Pourquoi veux-tu vendre ce bijou précieux, lourd de souvenirs et de voyages?» Laure qui ne connaissaient rien de la provenance de cette bague reçue de l'oncle Pierre D. travailleur au port de Montréal, resta stupéfaite devant l'aveu de l'enchanteur.

Sans être vraiment superstitieuse, Laure résolut de ne plus jamais remettre à son doigt, cette bague qu'elle considérait comme un porte-malheur. C'est vrai que les Gaspésiens étaient quelque peu xénophobes; ils le sont un peu moins aujourd'hui. Tout ce qui venait de l'étranger était symbole d'énigmes et de mystères. Le gros sac brun du Syrien était muet mais, s'il s'était mis à parler, que de secrets il aurait pu nous dévoiler! D'où sortaient donc toutes ces marchandises? Venaient-elles réellement des Vieux-Pays? Sam vendait d'un côté et achetait de l'autre les anciennetés qu'il trouvait sur son passage. Les cadeaux de la mariée qui souvent n'étaient d'aucune utilité, se retrouvaient parfois parmi les bagages de Farah!

La Gaspésie en a connu plusieurs de ces marchands itinérants. Le Juif, le gros Salomon, achetait les peaux de veaux à vingt sous l'unité pour plus tard nous les revendre sous forme de lacets à bottes et à bottines, cinquante sous la paire. A ma connaissance, les colporteurs des produits Raleigh et Familex furent les derniers vendeurs ambulants de notre région.

Les temps ont bien changé! L'Orient et l'Asie sont à nos portes. Les pseudo-souks, dans les centres commerciaux, nous offrent donc tout ce que Sam Farah étalait sous nos yeux d'enfants, sur la grande table de notre cuisine à Maria, en Gaspésie. Que de souvenirs...!

7. La cheminée a déboulé...

Claude, notre frère, était un «flow», un petit gars de la côte gaspésienne. A onze ans, il ne connaissait pas encore l'histoire: «Les Sauvages sont passés et la cheminée a déboulé.» Un vrai mystère pour lui! Tout d'abord, il avait toujours vu la cheminée bien en place. Jamais il ne l'avait vue dégringoler puisque l'événement ne se produisait que la nuit et lui... peureux comme un lièvre... la nuit, il dormait ou faisait semblant... pour attendre la visite du Sauvage.

Notre mère voyant que Claude prenait de l'âge, comprit que le moment de l'initier était arrivé. Jusque-là, même s'il était le sixième de la famille, il ne s'était jamais rendu compte que sa mère puisse «être grosse». Avec des robes très amples, elle réussissait à cacher «la situation». Novembre avec ses jours sombres, avançait tristement. Un après-midi, elle qui d'habitude était de belle humeur, semblait particulièrement soucieuse. Elle dit à Claude: «Va donc avertir madame Marijane que j'ai affaire à elle. J'ai un tricot à terminer et j'ai besoin de ses conseils.»

Arrivé chez la voisine, Claude remarqua que madame Marijane semblait toute énigmatique. «Que se passe-t-il chez vous?» demanda-t-elle à notre frérot. «Ta mère a besoin de moi. Ah! bon Ah! bon. Cé ben correct. C'est pour une brochure*... té sûr de ça? R'tourne che-vous. J'irai betôt.» Et à brûle-pourpoint, elle lui lance: «Ah! comme ça, ta mère attend les Sauvages!»

Intrigué, Claude se posait des questions tout en revenant à la maison. Les Sauvages! Les Sauvages, il connaissait ceux de la Réserve de Maria qui prenaient souvent le train à billet réduit. Il savait même leur nom: Louis Condo, Baptiste Jérôme et combien d'autres. Ces habiles artisans de la vannerie en clisses de frêne, ces premiers occupants de la Baie-des-Chaleurs poursuivaient depuis toujours la fabrication de paniers et de contenants variés qui servaient à la cuisson des aliments selon une technique que les Amérindiens se font un plaisir d'expliquer sur place, aux tourismes. Maintes et maintes fois, Claude les avait vus passer de porte à porte pour écouler leurs produits et non pour y distribuer des enfants.

Maman surveillait avec une certaine nervosité, le retour de son fils. D'un clin d'oeil rapide, elle le consulta. Et lui, par un mouvement brusque de la tête, il lui fit signe que oui. Quelques instants se passèrent. Autre interrogation muette de Lydia qui se tenait le ventre. Même réponse de la part de l'enfant. Enfin madame Marijane arriva toute énervée. Elle se laissa tomber sur la berceuse, se ferma un oeil et de l'autre étudia la manière dont se présentaient les choses. Ce fut l'affaire d'un tic-tac et la voilà qui veut se batailler avec nous, les enfants, qui ne lui avions jamais fait aucun mal. «Dehors!» hurla-t-elle. Tellement saisis de frayeur, personne de nous ne bougea. Alors notre pauvre mère, avec un regard d'extrême souffrance, pliée en deux, les lèvres plissées, nous murmura: «Allez, allez chez votre tante Alcida.»

Quand nous sommes revenus à la maison, la vieille dame avec le manche à balai, nous attendait au beau milieu de la cuisine. Dans sa chambre à coucher, maman était alitée et souriait doucement à sa nichée. Les deux plus jeunes, Eugène et Cécile, voulurent courir vers elle pour l'embrasser. Ce ne fut pas long que la voisine les attrapa par le chignon du cou. «Hou! pas si vite les enfants, ne touchez surtout pas à votre mère. Les Sauvages l'ont ben maganée!» Puis à Claude, elle lui fit comprendre que c'était arrivé pendant que nous étions chez notre tante. «Les Sauvages ont mené un ravaud du diable dans la maison, assez fort qu'en dernier, la cheminée a déboulé. Ta mère pis moi, on a voulu les chasser; en se r'tournant contre elle, ils lui ont cassé une jambe. C'est pour ça qu'a doit garder le lit. Pour ma part, j'les ai sacrés dehors à coups de manche à balai. J'te dis qu'i ont filé, même qu'i ont oublié un gros paquet derrière la porte. Devine quoi?» Ce p'tit-là. C'était Alma. La bonne vieille avait un oeil à moitié ouvert. De l'autre, elle toisait Claude comme pour le narguer: «J'espère que tu me crés, p'tit vaurien!»

284

Vrai ou faux, le jeune ne se posait pas de questions. Les Sauvages étaient passés... Quant à la cheminée, elle s'était vite remise d'aplomb! Mais, sa pauvre mère en plus d'avoir une jambe cassée, elle aurait une braillarde de plus dans la maison!

Peu de temps après arriva notre père qui, le nez dans la porte, hasarda:

– Pis, madame Marijane, c'est t'y le temps d'entrer? Je croyais que les Sauvages étaient encore là. Si c'est le cas, je veux bien vous donner un coup de main pour les chasser!

– Ayez pas peur, ayez pas peur, monsieur Babin. Vous pouvez entrer: j'ai réussi à mettre la gang à la porte. Ils sont r'tournés dans le p'tit bois en arrière de la grange de monsieur Rolet. Soyez sûr qu'i r'viendront pas de sitôt, avec les coups que j'leu ai administrés. Seulement, r'gardez ce qu'ils ont laissé!

Papa s'approcha du ber et, le visage tout épanoui, se retournant vers nous, s'écria: «Ah! ben... Ah! ben! je crois que ce sera notre plus belle!» Piqué de jalousie, Édouard, l'aîné, dit timidement: «Merci bien, pour les autres.»

Claude, le flow, ruminait bien des pensées secrètes, profondes et amères dans son coeur. Il était peu fier de l'attitude de son père: se réjouir ainsi quand sa femme était au lit avec, en plus, une jambe cassée! Et il croyait que papa était un sans coeur: «Non, mais des fois! Ah! papa, c'est lui qui aurait dû être battu par les Sauvages et avoir une jambe ou son seul bras cassé. Même pas à la maison pour défendre sa Lydia contre ces bandits de grands chemins!»

Bien des années passèrent. Un jour, au retour de l'école, Claude alors âgé de quinze ans, s'aperçut que sa mère était encore «grosse» des oeuvres du paternel: son treizième et dernier enfant,

285

Delphis. La réaction du jeune garçon en fut une de colère contre ce «monstre» qui aurait pu au moins se retenir!

Longtemps, il lui en voulut et plaignit sa pauvre mère d'avoir à vivre avec une telle «brute». Ses yeux s'ouvrirent et toute la sale marée de ses rancoeurs qui refluait en lui se retira lentement lorsqu'une fois marié naquit Denise, sa troisième enfant!

Les Sauvages ne passent plus. La cheminée est toujours en place et les maçons sont exposés à avoir moins de travail par les années qui courent!

Alcida Bugeaud, soeur de notre mère
avec Amédée Dugas son mari
et leur fille aînée, Marguerite

*[C'est à cet encroit qu'on allait se réfugier quand
les Sauvages passaient et que la cheminée déboulait]*

8. Que faire d'une ignorante?

Septembre débutait. Au retour de l'école, je rentrai à la maison en courant. Toute essoufflée et sans ambages, je déclarai:

– Maman, c'est ma première et... ma dernière journée d'école.

– Ah oui! Mais, pour quelle raison, Bernadette?

– La maîtresse d'école nous a donné un livre de lecture et... je ne sais pas lire.

– Très bien. Cependant, je veux que ton père soit là pour en décider, répondit patiemment maman.

Ce soir-là, nous l'avons attendu. En désespoir de cause, je l'attendis comme jamais je ne l'avais fait. Dès que son pas heurta la véranda, mon premier livre de lecture était déployé sur mes genoux et de grosses larmes coulaient sur mes joues.

– Alex, ta fille refuse d'aller à l'école, lui proclama ma mère, aussi énervée que je l'étais, à travers la porte moustiquaire.

– Eh ben! dit tranquillement mon père. Qu'allons-nous faire d'une ignorante dans la famille?

Et, je regardai longuement mon livre de lecture. Il contenait pourtant de belles illustrations qui me fascinaient. Je restai là sans pouvoir détacher mon regard de ces images représentant des objets quand même bien connus: des pommes, des lions, des tables et combien d'autres. Je savais les identifier, mais les lettres contenues dans ces mots en dessous des dessins ne me disaient absolument rien.

Mon père regarda ma mère et ma mère vint vers moi pour m'embrasser. Que faire devant une telle prise de conscience? Trop évidente pour un petit bout de femme de six ans à peine. Eh oui! Pourquoi recevoir un livre de lecture quand on ne sait pas lire?

J'avais remarqué que ma grand soeur, Laure, lisait des livres qu'elle dévorait en cachette. Que contenaient ces bouquins et pour quelle raison se cachait-elle pour les lire? Dans les années qui suivirent, j'appris que c'étaient des romans... à l'index. Quel scandale! Ma soeur!

Alors sur les conseils de mes deux parents, je résolus d'aller à l'école, de continuer à m'instruire afin d'éviter qu'il y ait une ignorante dans la famille: le déshonneur des années cinquante! Pendant les leçons de lecture, je m'appliquai à reconnaître les lettres, à les assembler, enfin à en faire des petites phrases. J'étais tellement impatiente de lire les volumes que ma soeur camouflait sous son matelas! A l'index!... ma soeur!

Tout l'automne, je m'intéressai à mes leçons de lecture. En décembre, je pouvais lire de courts textes que mademoiselle Stella Audet, notre maîtresse d'école, écrivait elle-même sur le tableau noir d'une calligraphie exemplaire que je m'appliquais à reproduire. Dans toutes ses phrases, elle y glissait toujours le mot GASPÉSIE. C'est en traçant le mot GASPÉSIE que j'appris à écrire le G majuscule.

Après les vacances de Noël, avec grand plaisir, je retournai à l'école. J'étais très enivrée par les nouveaux jeux de l'orthographe. Inconsciemment, je voulais vaincre l'ignorance: je ne voulais pas être une illettrée, comme disaient les grandes personnes instruites. Que ferait mon père d'une ignorante dans la famille?

Mon grand-père paternel, Alexis Babin, pour qui j'avais pourtant beaucoup de respect, mon pepère à moi toute seule ne savait ni lire ni écrire et il souffrait de ce handicap. Il m'encourageait fortement à fréquenter l'école. Cependant, il savait m'apprendre à distinguer les essences forestières durant nos promenades du dimanche après-midi.

Souvent il s'arrêtait dans le champ devant une touffe d'arbustes feuillus. «Ça s'appelle des groseilliers, me disait-il. Va à l'école pour apprendre à écrire ce mot: g-r-o-s-e-i-l-l-i-e-r.» Je ne comprenais pas, mais je savais qu'il avait raison puisqu'il l'avait dit.

Depuis, les années ont passé. J'ai fréquenté d'autres écoles, et ce, jusqu'à l'université. Enseignante aujourd'hui, je me rappelle avec beaucoup de complaisance, ce moment de ma vie où j'avais fermement décidé que c'était ma première et... ma dernière journée d'école! J'y pense: que serais-je devenue s'il n'y avait pas eu... l'Index?

9. Un Noël au temps de la Crise

C'était en décembre 1930, quelques semaines avant la Noël. Il neigeait et il faisait un froid de canard. J'avais neuf ans.

Elle entra dans le portique tout en secouant la neige de ses bottes. Comme elle ouvrait la porte, notre mère lui cria: «Dépêche-toi d'entrer et ferme la porte, ma grande, tu nous fais geler. Tu es bien en retard, ce soir?»

– Oui, maman. Je me suis attardée à parler avec mademoiselle Joséphine, lui répondit, ma soeur.

Mademoiselle Joséphine Audet enseignait l'anglais, le soir, à quelques adolescents du village et Bernadette était du nombre. Lydia, notre mère, lui dit: «Tu sais, il va falloir diminuer la commande de chez Eaton pour les achats de Noël. Trente-sept dollars, c'est vraiment au-dessus de mes moyens.» Papa étant hospitalisé, les revenus étaient minces. «Monte te coucher. Il est déjà dix heures. J'irai te rejoindre tantôt.» Prétextant qu'elle avait encore des bas à repriser, notre mère aimait se coucher la dernière. J'ai découvert qu'elle dissimulait sous le coussin de sa chaise, un livre ou la revue MODERNE. La lecture nocturne était pour elle un échappatoire à l'ennui du manque de son homme et de la vie de pauvres que nous vivions.

Bernadette prit connaissance de la commande du grand magasin, la relut plusieurs fois en se disant: «Comme il n'y a aucun moyen d'en déduire le coût pour l'achat des jouets pour mes frères et soeurs, je vais confectionner tout ce que je pourrai de mes propres mains. Cependant, le cheval de bois que désire Adrien et le jeu de «UP SIDE DOWN» pour René devront rester sur la liste.» La commande pour Eaton fut réduite à vingt dollars. C'était plus que raisonnable pour l'époque en ce temps de la Dépression!

Tous les soirs, nous, les plus jeunes une fois au lit, notre grande soeur, Bernadette, alors âgée de quinze ans, se mettait à l'oeuvre. Elle fabriquait un ourson brun pour Delphis dans un restant de peluche; ma mère s'était servie de ce matériel pour confectionner un chapeau à madame Fidèle G., femme du maire de Maria. Quant à la poupée d'Alma, notre soeur cadette, c'était un chef-d'oeuvre! La petite robe de la catin[1] était faite avec des retailles d'une des robes de Laure, notre soeur aînée. Mon plumier sortait tout droit d'un reste de flanellette[2] rouge et rayée, genre plaid écossais qui avait servi à faire des chemises pour mes frères.

Le grand jour approchait. Tout était prêt. Le sapin tout garni de boules et de guirlandes se tenait droit et fier dans un coin du salon près du piano. Le matin de Noël, c'était qui se lèverait le premier. Je peux ajouter que nous n'avions guère dormi durant la nuit de la veille...

«Le beau toutou» s'écria Delphis, en plantant un doigt dans les yeux de son jouet préféré. «Mon cheval de bois!» dit Adrien le serrant tout contre lui. Alma avait les larmes aux yeux en voyant la belle poupée aux tresses jaunes (un restant de laine du chandail de maman). Je reconnus le matériel de la robe de la catin*, tissu blanc avec des bulles bleu pâle qui provenait de l'ancienne robe de notre soeur. Je me gardai bien d'en souffler mot pour ne pas qu'Alma perde ses illusions quant aux mystères de la nuit de Noël! René criait à qui voulait l'entendre: «Qui veut jouer avec moi, j'ai eu mon jeu de UP SIDE DOWN?» Pour ma part, j'avais enfin un porte-crayons! J'en désirais un à tout prix et depuis longtemps. Eh oui! mes articles scolaires tels les plumes, les crayons et la gomme à effacer ne traîneraient plus dans le fond de mon sac d'école.

---

[1](n.f.) poupée, figurine humaine qui sert de jouet d'enfant.

[2](n.f.) équivalent canadien de finette, étoffe de coton croisé dont l'envers est pelucheux.

les plumes, les crayons et la gomme à effacer ne traîneraient plus dans le fond de mon sac d'école.

Noël passé, j'avais reconnu à travers nos étrennes, l'ingéniosité et les doigts habiles de ma grande soeur, Bernadette. Si j'avais des doutances[1] sur la véracité du Père Noël, j'étais devant la vérité toute nue. Le gros bonhomme rouge avec une barbe blanche n'existait plus dans mes rêves d'enfant. Cette année de 1930, notre Père Noël avait été remplacé par cette grande soeur au coeur généreux!

Cécile, la neuvième de la nichée
d'Alexis–Joachim Babin et de Lydia Bugeaud

---

[1](n.f.) doute, soupçon; intuition.

10. Le miraculé

Cécile, ma soeur cadette, avait à peine trois ans lorsqu'un jour, elle échappa à la surveillance maternelle pour s'aventurer sur la voie ferrée non loin de notre maison. En principe, notre père devait avoir l'oeil sur ce qui se passait aux alentours, lui, le chef de gare. Sans doute, l'envie de traverser la track* obsédait l'enfant. Depuis quelques jours, elle disait à maman: «J'veux des fraises... des fraises!» C'est vrai qu'il y en avait dans le champ voisin, mais, des fraises, de l'autre côté de la rail. La veille, les frères en avaient découvert et en avaient parlé au souper. Dans la tête de la petite, peut-être que les mots suivants s'enchaînaient: «Aujourd'hui, pas demain!»

Voilà! Le lendemain, dans son insouciance enfantine, tandis qu'elle traversait les rails, Cécile n'avait pas vu venir le train. Oh! catastrophe de catastrophe! Papa, en entendant le signal d'alarme lorsqu'il vit la situation de détresse dans laquelle l'enfant s'était placée en toute innocence, il se précipita devant l'engin afin de provoquer l'arrêt immédiat du train. De sa seule main, puisqu'il était manchot, il attrapa Cécile par le bout de sa jupe, mais, malheureusement l'un des petits souliers se coinça entre les rails et les ties*. Ciel! son pied n'était pas resté pris dans sa chaussure, grâce à son lacet dont la boucle mal ajustée n'avait pas résisté au choc.

Dieu merci! A ce moment, les rides s'effacèrent du front de notre père pour faire place à un sourire radieux. A la maison, tous avaient été témoins de la scène de sauvetage et la maisonnée en fut quitte pour une peur bleue. Quant à Cécile, elle s'en tira avec une bonne tape sur les fesses qui n'était pas volée. Ensuite, ce furent les gros becs de chacun de nous.

Papa profita de l'occasion pour sermonner maman sur sa manière de surveiller les enfants autour de la maison. En principe, vu son âge, Cécile devait être à la maison non loin du regard maternel. Dès le lendemain, maman exigeait que la petite restât près d'elle et qu'elle s'amuse avec ses poupées tandis que celle-ci confectionnerait des chapeaux pour sa clientèle. Dorénavant, Cécile sortirait dehors sous étroite surveillance jusqu'à... Après mûres réflexions, notre père qui aimait sa Lydia, la regarda comme s'il était sûr d'avoir épousé la plus merveilleuse créature au monde.

Dernièrement, Cécile et moi avons bien ri en évoquant ce petit incident qui aurait pu lui être fatal. Ma soeur était trop jeune pour s'en souvenir mais on lui a tellement rabâché l'histoire que la légende est devenue la sienne.

Quand nous avons l'occasion de nous rencontrer nous, les frères et soeurs, chacun ne manque pas de taquiner Cécile pour son petit soulier écrasé que nous avons longtemps surnommé LE MIRA-CULÉ DE CÉCILE.

11. Noisette

Un soir d'hiver, notre père nous avait tous réunis, mes frères et moi, autour de la grande table de la cuisine tandis qu'un bon feu pétillait dans le poêle. Il nous gardait pendant que notre mère faisait des courses. Sept heures. L'heure des contes. La nuit tombait déjà. La lune à son premier quartier éclairait une partie de la pièce pendant que la lampe à huile tentait de rivaliser avec cette faible clarté.

 - Que désirez-vous entendre ce soir, les enfants, demanda notre père? Je suis à votre disposition, dit-il avec son bon sourire habituel.

Sa voix s'éleva alors claire et nette au milieu de nous tous qui attendions ce moment merveilleux avec une impatience mal contenue. Instant magique! Notre père était si fin conteur. Avec l'approbation de son fidèle auditoire, il raconta l'histoire d'une petite chatte, nommée NOISETTE, anecdote que nous avions entendue maintes fois, mais toujours nouvelle pour nous car, selon son humeur, notre père savait l'enjoliver au point de nous ravir.

«Il était une fois, un garçon du nom d'Albert qui était particulièrement fou des animaux. Ses parents lui avait permis de garder toute une ménagerie. En dehors de ses heures de classe, il passait presque tout son temps avec eux et il n'était heureux que lorsqu'il pouvait les nourrir et les caresser. Ce trait de caractère s'accrut avec les années. Devenu un homme accompli, il décida d'en faire l'une de ses principales sources de plaisir.»

«Albert, continua notre père, se maria jeune et fut heureux de trouver dans son épouse une disposition semblable à la sienne envers les animaux. Observant son goût pour les bêtes, elle ne perdait aucune occasion de lui en offrir de nouvelles. Ils eurent des oiseaux, un poisson rouge, un beau chien d'une espèce rare, des lapins, un singe et enfin... la petite chatte NOISETTE.»

– Moi aussi j'aime les animaux, s'écria Claude. Continuez papa. Que j'aimerais être à la place de ce monsieur-là! C'est vrai que nous avons notre chien Fido que nous aimons bien.

«NOISETTE était une chatte remarquablement belle et forte, au pelage entièrement noir avec, sous la gorge, une tache blanche.»

Mes frères et moi étions superstitieux car, selon la croyance populaire, tous les chats noirs étaient des démons déguisés. La chatte d'Albert nous rendait méfiants et peureux.

– Papa, voulez-vous que j'aille chercher Fido, lui qui est noir aussi? Je ne sais pas ce qu'il dirait en vous entendant vanter cette noiraude de NOISETTE, s'exclama Benoît d'une voix où perçait une jalousie mal maîtrisée.

«NOISETTE, de poursuivre notre père, était la favorite d'Albert. Il la nourrissait de préférence aux autres et la chatte le suivait partout dans la maison. Je ne sais par quel hasard il devint, de jour en jour, plus morne, plus irritable, plus indifférent envers ses autres animaux. Il se permettait même d'employer un langage brutal à l'endroit de sa femme. Avec le temps, il lui lança des paroles blessantes et vulgaires.

– Vieille fripouille! espèce de salope! enlève-toi de mon chemin ou je te tue! lui criait-il, lorsqu'elle voulait se montrer aimable avec lui.

– Ah! le salaud! Je lui tordrais le cou si j'avais cet enfant de choeur-là devant moi, dit tout indigné, Édouard, l'aîné de mes frères.

«Eh oui! poursuivait notre père. Les animaux d'Albert eurent, eux aussi, à souffrir du changement de son caractère. En plus de les négliger, il les maltraitait. Quant à NOISETTE, il savait encore la ménager. A la longue, elle-même vieillissante, elle devenait aigrie contre son maître.»

– Dites papa, pourquoi Albert était si méchant et sans coeur envers des bêtes qui ne lui voulaient aucun mal?

– Les enfants, attendez la suite de cette histoire. Vous allez apprendre ce qui arrive à ceux qui négligent de corriger leurs défauts quand ils sont jeunes.

«Une nuit, Albert rentrait chez-lui, soûl comme un cochon. Il s'imaginait que la chatte évitait sa présence. Il la saisit par la peau du cou. A ce moment-là, NOISETTE, toute effrayée, lui fit avec ses dents, une légère blessure à la main. Fou de rage, dans un geste diabolique, l'ivrogne tira de la poche de son gilet un canif. Après avoir saisi la pauvre bête par la gorge, il lui fit sauter l'oeil droit.»

– Mais, c'est épouvantable se lamentait René, le plus jeune de nos frères. Il enfouissait sa tête sur les genoux de notre père qui n'en continuait pas moins son récit, tout en caressant les cheveux blonds de l'enfant.

– C'est un assassin! Un vrai bandit! hurlait Benoît.

«Il commence à se faire tard. Continuons, si vous le voulez, les enfants. La chatte guérissait lentement. Le trou laissé par l'oeil perdu n'était pas très beau à voir. NOISETTE ne semblait pas en souffrir. Elle allait et venait dans la maison selon ses vieilles habitudes mais elle fuyait Albert comme la peste. Il se sentait coupable. Ce sentiment de pitié ne dura pas longtemps. D'avoir été rejeté par la chatte, il devint de plus en plus méchant et cruel.»

«Un matin, de sang-froid, Albert, le vicieux, glissa un noeud coulant autour du cou de la belle NOISETTE. Il la pendit à la branche d'un arbre du jardin.»

– Mais... il faut le punir ce méchant! dirent en choeur les enfants.

«La nuit qui suivit le jour où fut commise cette action barbare, le bourreau fut tiré de son sommeil au cri du Au feu! pendant que les couvertures de son lit flambaient déjà. Il sauta par une fenêtre tandis que Matilde, sa femme, réussissait à s'échapper du brasier. La destruction de la maison fut presque complète. Dès lors, Albert s'abandonna au désespoir.»

– Et les pompiers... demandèrent les enfants?

– Ils arrivèrent trop tard.

«Le lendemain de l'incendie, Albert, revenu sur les lieux, ne put constater que des ruines fumantes. Les murs extérieurs étaient tombés sauf une mince paroi qui tenait encore debout. Il reconnut une des cloisons de sa chambre contre laquelle s'appuyait la tête de son lit. Il s'approcha lentement et, les enfants, devinez ce qu'il vit... Après un lourd silence, mon père poursuivit son récit. Le malheureux n'aperçut rien d'autre que la trace d'un chat énorme sur la surface blanche du mur encore debout. L'empreinte était d'un réalisme frappant. Quelqu'un avait passé une corde autour du cou de l'animal. Revenus sur place, les pompiers virent avec stupeur cette image de la chatte. Avec acharnement, ils poussèrent leur enquête en questionnant Albert.»

A ce moment, tous, nous tremblions de peur, croyant voir apparaître le diable lui–même dont la chatte noire était l'emblème. Et nous nous rapprochions de notre père qui poursuivit son récit. Nous trouvions papa un peu sadique.

«Cette histoire que je viens de vous raconter, les enfants, n'en fit pas moins une impression profonde sur l'imagination d'Albert. Il délaissa son travail de typographe et pendant plusieurs mois ne put se débarrasser du fantôme de NOISETTE. Il déplorait amèrement sa perte. Il se mit à chercher autour de lui, dans les ruelles, un autre animal de la même espèce afin de remplacer l'animal disparu, tout en se promettant de le traiter autrement. Une nuit, son attention fut soudainement attirée vers un objet noir. C'était un chat noir... privé de l'un de ses yeux! Malheur de malheur! Albert fut torturé de remords et finit misérablement ses jours. Il était devenu fou. Il avait perdu la raison et l'image de NOISETTE le poursuivit jusqu'à sa mort.»

– Hourrah! Tant mieux pour ce dégoûtant personnage! Bien bon pour lui! Mais... pauvre NOISETTE! gémit doucement Anne-Marie, la fille d'Odette, mon aînée, à qui je raconte parfois cette histoire puisqu'elle possède une chatte noire nommée NOISETTE.

Pour les adultes que nous sommes devenus, mes frères et moi, ce conte est resté notre favori. Pourquoi? Peut-on en imaginer la raison...

12. Cocasserie (1)

Un jour, Benoît, âgé d'une dizaine d'années, avait pris au piège un rat musqué. Après avoir enlevé la peau, il la lava et la fit sécher sur une planche de bois et résolut de la vendre au gros Salomon, un juif de la métropole, qui achetait les peaux en Gaspésie. Les anciens disaient qu'il était très riche. Bien habillé à la ville, il était vêtu comme un guenillou* à la campagne et parcourait les paroisses avec son cheval qu'il attelait à une charette délabrée.

Un après-midi, ma mère assise à la fenêtre, vit une voiture qui empruntait la route de la gare à proximité de notre maison. Vivement, elle cria à Benoît de sortir «sa peau» s'il voulait la vendre car le gros Salomon arrivait. Benoît sans hésitation se précipita vers le chemin, la peau de la bête à la main. «Voulez-vous acheter ma peau» demanda-t-il avec timidité à celui qu'il croyait être l'acheteur ambulant. «Chus pas un juif, moé», lui répondit tranquillement monsieur U. Audet. Cet homme affichait une ressemblance étonnante avec le gros Salomon.

Inutile de dire que Benoît, l'air penaud, rentra vite à la maison en maugréant contre sa mère qui l'avait induit en erreur. Sa colère passée, il se mit à dire: «Qu'est-ce que les autres – c'étaient nous autres, les enfants – vont me crier quand ils apprendront ça?

On en rit encore de la «peau de Benoît»...

13. Cocasserie (2)

C'est avec un certain humour que je me rappelle la visite que nous firent nos deux cousines, Henriette et Claire, filles de l'oncle Israël, frère de notre mère. Toutes deux institutrices dans la paroisse de Saint-Siméon, elles avaient décidé de passer les vacances des Fêtes de Noël à Maria.

Leurs cavaliers*, Lionel Bujold et Paul-Eudore Henry, étaient venus les rejoindre pour le Jour de l'An. Ils firent le trajet de trente milles entre leur paroisse et la nôtre en carriole* tirée par un cheval. Les deux garçons n'avaient pas oublié d'apporter «de quoi» se réchauffer. C'était pour se dégêner, disaient-ils. Arrivés chez nous un peu pompette* notre mère décida qu'il fallait vite régler leur affaire. Elle craignait que l'alcool engendre les chicanes. Son homme loin de la maison, elle ne prendrait aucun risque.

Ah! ces deux-là, se dit-elle, il faut les désarmer. Aussitôt dit, aussitôt fait. Discrètement, elle s'emparait de leur bar-mallette. Du quarante onces de gin, elle en déversa la moitié dans une autre bouteille qu'elle mit de côté pour les jours froids ou pour soigner une grippe. Et pour que rien ne paraisse du tour qu'elle venait de jouer aux deux invités des cousines, elle se permit d'ajouter de l'eau jusqu'au col de leur bouteille. Elle venait de baptiser le gin, comme on disait par chez nous!

Le gin dilué, les deux gars étaient dull*. Après deux jours de régime mi-sec, ils abrégèrent leur séjour à Maria et ramenèrent les deux cousines qui étaient arrivées par train. Par malheur, leurs billets pour un week-end* étaient expirés. Faute d'argent, elles furent heureuses de retourner chez elles en berlot* à Bonaventure et ce, pour les trente milles, assises sur les genoux de leur cavalier... Tout un voyage! Adieu Maria et la parenté!

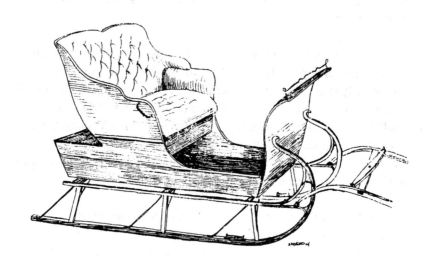

«Carriole» ayant appartenu à M. Israël Bugeaud, maintenant décédé
(dans Urbain Arsenault, p. 56)

ÉPILOGUE

Me voilà rendue au terme du voyage que j'ai entrepris au pays de mes ancêtres acadiens. Longtemps, j'ai douté de moi et j'ai hésité plus d'une fois devant l'inconnu de l'écriture. C'est grâce à ma mère si cette chronique a pris une telle ampleur. Je veux rendre hommage, ici, à sa mémoire puisqu'un jour, en rangeant ses papiers, mon attention fut retenue par une enveloppe jaunie sur laquelle Lydia avait tracé ce simple mot: SURVIVRE. Ce fut le déclic. Ma mère venait de m'indiquer la voie.

Vraiment, le temps passé à l'écriture de cette chronique familiale fut pour moi une révélation: le plaisir de vivre à travers l'esprit de cette parenté aujourd'hui disparue. Il me semblait que j'étais proche d'elle. Je conversais avec les anciens pour en savoir davantage sur leur passé. Je me rapprochais d'eux et je les suivais à la piste dans leurs déplacements de l'EMPREMIER.

Et le jour où l'on découvre qu'on vieillit, on se rend compte que la famille est véritablement le support dont on a besoin. On a procréé, bâti une descendance qui, à son tour, maintiendra vivante la lignée des BABIN. Par mes enfants et petits-enfants, ce recueil de récits historiques se continue.

J'ai livré au lecteur des confidences et révélé des secrets qui appartiennent à ma famille immédiate et à mes parents. Le temps file. Il faut courir des risques. S'il avait fallu attendre que les témoins de cette «petite histoire» meurent, jamais celle-ci n'aurait été écrite. D'autre part, tout auteur sait qu'il se reconnaît le droit de réarranger les faits, de donner une certaine vraisemblance à son récit. Mais que reste-t-il de l'héritage des Anciens, où sont passées les valeurs de courage, de ténacité qu'ils voulaient nous léguer? Les avons-nous retenues? Cette humble recherche se veut un appel aux vivants de conserver intacts la tradition et le souvenir.

A travers la brume du large de la Gaspésie, il me semble entendre la voix d'Ambroise dire à qui veut le croire: «I en a qui r'grettont de ne point avoir dans son corps, son p'tit quartier de BABIN, ma foi de Dyeu! Mais quittez-les parler même si on est un peuple en lambeaux». Et j'ajouterai que les Acadiens ne sont pas un peuple sans histoire. Cette race continue à lutter dans une langue pleine de mots savoureux, de termes anglais parfois, mais aussi avec des mots qui disent sa volonté de durer.

Si j'ai senti le besoin d'écrire le passé, ce n'est pas par nostalgie mais parce que j'ai perçu dans mon appartenance que le lointain village de La Chaussée n'est pas mort; il vit toujours dans la MAISON DE L'ACADIE[1], à Loudun, ville jumelée avec Shippagan, au Nouveau-Brunswick. Enfin l'Acadie même suscite de plus en plus de recherches historiques tant en France qu'au Québec et au Canada. Quant à la revue «LES AMITIÉS ACADIENNES»[2], elle sert de liaison entre les communautés du peuple acadien et leurs amis d'ici, de France, de Saint-Pierre et Miquelon et des États-Unis.

---

[1]La Maison de l'Acadie. (Voir annexe XIII).

[2]«Les Amitiés Acadiennes», revue éditée en France, 17 quai de Grenelle – 75015, Paris.

GLOSSAIRE

Avertissement

En général, tous les mots employés dans ce glossaire tirent leur origine de:

a– Ephrem Boudreau, GLOSSAIRE DU VIEUX PARLER ACADIEN, Éditions du Fleuve, collection Acadie, Montréal, 1988, 245 p.

b– Urbain Arsenault, PATRIMOINE GASPÉSIEN/BAIE-DES-CHA-LEURS, Éditions Leméac, collection connaissance, Montréal, 1976, 151 p.

c– Alexandre Bélisle, PETIT DICTIONNAIRE CANADIEN DE LA LANGUE FRANÇAISE, (édition scolaire) Bélisle Éditeur Inc. Québec, 1929, 644 p.

d– DICTIONNAIRE PLUS, CEC, Montréal, 1988, 1856 p.

N.B.   Les mots suivis d'un astérisque étaient ou sont encore employés dans la région de Bonaventure et de la Baie-des-Chaleurs où «soixante-cinq pour cent de la population est d'origine acadienne». (Article paru dans la Presse du 9 août 1991, p. C–10. LES ACADIENS PRÉPARENT AUX MONTRÉALAIS UN «TINTAMARRE» DONT ILS SE SOUVIENDRONT.)

A bras:*	(loc.) En utilisant la force des muscles d'une personne.
Appartement:*	(n.m.) Chambre, pièce. Ex: un logement de six appartements.
Au boutte:*	(loc. adv.) Peu de temps après. Après un court temps.
Auparavant:*	Expression adverbiale proprement acadienne: pour autrefois.
Avri:*	(n.m.) Le mois d'avril.
Baquèse:*	(n.f.) Personne grasse et courte. Ici, terme plutôt amical et joyeux.
Baratton:	(n.m.) Partie de la baratte, de la laveuse, constituée de pales.
Barda:*	(n.m.) Ménage, travaux domestiques, nettoyage de la maison.
Barge:*	(n.f.) Embarcation de pêche à trois voiles.
Bari:*	(n.m.) Pour un baril. Petit tonneau.
Bécosses:*	(angl. back house) (n.pl.) Toilettes extérieures près de la maison et utilisées durant la saison chaude. Latrines, cabinets vespasiennes.
Becquer:*	(v.t.) Embrasser.
Berlot:*	(n.m.) Voiture d'hiver faite d'une sorte de boîte plus ou moins profonde posée sur des patins. On dit aussi «cutter».

Besace:	(n.f.) Long sac à deux poches dissimulé sous la jupe.
Betôt:*	(adv.) Bientôt; tout à l'heure; sous peu.
Bettes:*	(n.f.) Betterave.
Beu:*	(n.m.) Pour un boeuf. Boeuf au pluriel se prononce des beu. Souliers de beu:* mocassin, chaussure sans semelle confectionnée à l'indienne dite aussi soulier mou.
Biens:*	(n.m.) Avoir du bien = vivre à l'aise; chosematérielle que l'on peut posséder: capital, fortune, propriété, richesse.
Brim:	(n.m.) Mot angl. ruban à l'intérieur ou à l'extérieur d'un chapeau.
Bocouitte:*	(n.m.) mot angl.: buckwheat. Sarrasin.
Boghei:	(n.m.) Sorte de cabriolet découvert.
Bombarde:*	(n.f.) Guimbarde, instrument de musique jouée avec la bouche.
Bombe:*	(n.f.) Bouilloire à bec. «...l'eau, dans la bombe, chauffait.» (Victor-Lévy Beaulieu)
Bonnette:*	(n..f.) Petite coiffure avec bord relevé tout autour avec attaches sous la gorge, à l'usage des bébés.
Bougresse:*	(n.m.f.) Mot qui désigne ici un sentiment affectueux. La gamine!
Broudeaux:*	(n.m.) Rondelles de patates crues.
Boueille:*	(n.f.) Bouée, flotte (de l'anglais: buoy).

312

Bouillait:*	(v.n.) Bouillir: produire des bulles en parlant des bandes de harengs qui s'agitent à la surface de l'eau. Faire «bouillir»: faire cuire les aliments.
Boiller:*	(n.m.) Grand récipient en métal dans lequel on faisait bouillir de l'eau pour les utilités quotidiennes.
Bourgaille:*	(n.f.) Mets bouilli constitué de grillades salées et de mélasse.
Bourgou:*	(n.m.) Gruau d'avoine à consistance épaisse.
Bouette:*	(n.f.) Appât pour mettre sur un hameçon.
Boutte:*	(n.m.) A peu de distance; dans les environs.
Braid:	(n.m.) Mot angl.
Braillarde:*	(adj.) Pleurnicheuse. Moins fort que «brailleuse».
Brochure:*	(n.f.) Terme typiquement gaspésien. Tricot exécuté avec des broches (grosses aiguilles) dont on se sert pour brocher (tricoter).
Buckram:	(n.m.) Mot angl. toile encollée.
Butin:*	(n.m.) Du bien beau butin: c'est une belle fille; c'est un beau brin de fille.
Cachemat:*	(n.m.) Cagibi (Fam.) Pièce de dimensions étroites servant de débarras.
Câleur:*	(n.m.) ang. to call. Celui qui pendant une danse indique les figures que les danseurs doivent exécuter.

Cambuse:*	(n.f.) Foyer rustique utilisé dans une «barge», dans un camp de bûcheron.
Campe:*	(n.m.) Pour un camp. Cabane en bois rond construite en forêt pour abriter des personnes.
Cannes:*	(s.f.) Boîte de conserve "canisse" (boîtes de peinture).
Capot:*	(n.m.) Paletot
Carriole:*	(n.f.) Traîneau d'hiver d'un certain luxe servant au transport des voyageurs.
Cartain:*	(adv.) Pris ici pour certainement, d'une manière certaine, assurément.
Cassé:*	(adj.) Ex. reintier cassé: l'épine dorsale rompue.
Catin:*	(n.f.) Poupée, figurine humaine qui servait de jouet d'enfant.
Catalogne:*	(n.f.) Couverture de lit faite au métier par les Canadiennes, avec des retailles de coton ou toutes sortes de menus restes d'étoffe.
Cavalier:*	(n.m.) Jeune homme qui courtise une fille.
Chacoter:*	(v.t.) Travailler avec un couteau, tailler en menus copeaux un morceau de bois.
Chauler:*	(v.t.) Enduire un mur de lait de chaux avec une brosse munie d'un long manche, réservée à cet usage.
Chesterfield:*	(n.m.) mot anglais. Divan à dossier et à coussins.

Chiard:*	(n.m.) Hachis, fricassée.
Clapboards:*	(ang.) Longues et minces planches de bois ou aluminium s'emboutant l'une dans l'autre. Matériau de construction.
Claques:*	(n.f.) Au pl. chaussures qu'on met par-dessus les souliers.
Cobis:*	(adj.) Qui vient du v.tr. «cobir»: bosseler, briser, sans casser.
Colombie:*	(n.p.) La Colombie-Britannique, province à l'ouest du Canada.
Concessions:*	(n.f.pl.) Partie d'une municipalité située loin du village.
Conteux:*	(n.m.) Mis pour conteur.
Côte:*	(n.f.) Rivage de la mer. Ex: au bord de la côte.
Coton jaune:*	(n.m.) Coton brut, à l'état naturel; coton écru.
Coque:*	(n.f.) Mollusque bivale vivant enfoui dans le sable. Les «coques» sont souvent utilisées dans les soupes (longueur variant de 8 à 12 cm).
Couquer:*	(v.t.) Qui vient de l'anglais TO COOK: faire la cuisine. Cuisiner.
Courailler:*	(v.intr.) Vagabonder; courir çà et là.
Créature:*	(n.f.) Femme, fille.

Crème:*	(n.f.) La couleur de la crème épaisse. Aujourd'hui, on emploie le mot anglais «off white»,adj. Blanc off white ou blanc cassé.
Crignasse:*	(n.f.) La crinière. Fam. Chevelure abondante et épaisse.
Crucifiante:*	(adj.) Pénible, brutale un vrai supplice – qui éprouve une grande souffrance morale.
Débouler:*	(v.i.) Dégringoler; tomber «La cheminée déboule», terme acadien + gaspésien.
Dégreyer:*	(v. pro.) Se déshabiller, quitter ses vêtements.
Démaillaient:*	(v.t.) Démailler: déprendre le poisson des mailles d'un filet de pêche.
Dreligne:*	(n.m.) Drelin. Onomatopée évoquant le bruit d'une sonnette, d'une clochette (en général répété). V. Dring.
Éclisses:*	(n.f.) Éclats de bois qui servaient à allumer les pipes, les lampes, etc.
Écopeau:*	(n.m.) Copeau. Éclat enlevé d'une pièce de bois avec un instrument tranchant.
Embardée:*	(n.v.) Déviation brusque d'un bateau sous l'effet du vent, du courant ou d'un coup de barre involontaire.
Empremier:*	(adv.) Autrefois; dans les premiers temps par opposition à astheure. Le monde d'en premier (les anciens; ceux d'autrefois).
En plusse:*	(loc.) En plus, de plus.

Éparrer:*	(v.t.) Étendre, répandre. Ex: éparrer le fumier dans le champ. S'écrivait aussi, épârer: étendre, épandre, ex: épârer de la morue, du hareng, du butin (l'étendre).
Essarber:*	(v.t.) Sarcler, arracher les mauvaises herbes d'un jardin.
Étrange:*	(n.m. ou f.) Personne qui ne fait pas partie de la famille. «Rien d'étrange?» Rien de nouveau?
Faire la vaisselle:*	(v.t.) La laver.
Fayot:*	(n.m.) Haricot sec (Phaseolus vulgaris.) Au Québec: fève.
Ferlouche:*	(n.f.) = Farlouche: garniture de tarte à base de mélasse et de farine à laquelle on ajoute des raisins secs.
Fille à gages:*	(n.f.) Domestique qui reçoit un salaire.
Flat:*	(n.m.) Embarcation à rames utilisée pour la pêche côtière (le t est prononcé).
Flow:*	(n.m.) Gamin. En Gaspésie, on employait également le mot «bedaine» pour désigner «un flow».
Flowers:	(n.f.) Mot angl., fleurs.
Forbir:*	(v.t.) Ex. forbir la place = laver les planchers. N.B.: pour redonner au bois sa propreté et sa couleur naturelle, on les forbissait à l'eau et au savon, additionné de sable ce dernier agissant comme abrasif. A Thivierge, on ajoutait à l'eau, de la lessive (voir le mot lessive dans le présent glossaire).

Francs:*	(adj.) Les bois francs sont les bois durs (voir bois mous).
Galancette:*	(n.f.) Balançoire faite d'une corde solide et d'un siège de bois.
Gazoline:*	(n.f.) Essence.
Gigue:*	(n.f.) Danse d'un mouvement vif; ordinairement exécuté par un seul danseur au milieu du plancher. Parfois, deux danseurs la font l'un en face de l'autre comme deux rivaux.
Glacière:*	(n.f.) Petit bâtiment près de la maison, où l'on conserve la neige du mois de mars −en sel. Lieu où emmagasine les aliments périssables.
Goddam:*	(n.m.) Juron.
Grande:*	(adj.) Assez âgée.
Grand−maison:*	(n.f.) Corps principal de la maison rattaché à une cuisine.
Grand monde:*	Expression familière: les adultes. Les personnes d'un certain âge: les grandes personnes.
Guenillou:*	(n.m.) Loqueteux (vêtu de haillons); marchand de guenilles.
Haïssable:*	(adj.) Détestable. Le mot «haïssable» veut également désigner un enfant mal élevé, etc. A peu près le même sens que incommode.
Hardes:*	(n.f.pl.) Vêtements pour le gros travail. Habits usagés.

Jack:*	(n.m.) Mot anglais pour désigner un individu de haute taille.
Jardin:*	(n.m.) Petit jardin: potager où l'on cultive les légumes pour la famille.
Jeunesses:*	(n.f.) Les jeunes gens.
La ligne:*	(n.f.) La voie ferrée. Les rails.
Large:*	(n.m.) Au large, terme marin. S'en aller au large, c'est s'éloigner de la rive, aller dans la grande mer.
Lessive:*	(n.f.) Dissolution de soude. Autrefois, on se servait du lessi (lessive) pour la fabrication du savon à domicile (savon mou). Partie brunâtre et également gélatineuse qu'on trouve au fond du grand chaudron après la cuisson du savon domestique. ex: Elle a lavé le plancher avec de la «potasse».
Linge:*	(n.m.) Vêtements.
Maigre:*	(adj.) Ex. le hareng maigre, poisson du printemps qui a passé l'hiver sans nourriture. Opposition au hareng «gras» de l'automne qui a trouvé sa pitance en été.
Manger:*	(v.t.) Ex. manger des claques: gifler; recevoir des claques c.a.d.
Manières:*	(n.f.pl.) Les gestes.
Manquer:*	(v.t.) Ex. manquer l'école: s'absenter de l'école.
Margot:*	(n.m.) (margau) Fou de Bassan. Oiseau palmipède très vorace. FIG: gourmand; glouton. Quand

319

un membre de la famille mangeait plus que sa part d'un bon mets, on l'apostrophait ainsi: «Margau!», ou «Le margau a tout mangé.» (Voir Annexe pour plus de détails)

Matinée:*

(n.f.) Blouse légère de femme.

Mauvais temps:*

(n.m.) Les intempéries.

Meman:*

(n.v.) Maman.

Memère:*

(n.f.) Memére ou mémère. Femme âgée; grand-mère, grand-maman.

M'lasse:*

(n.f.) Sirop qui reste après la cristallisation du sucre.

Mou:*

(adj.) Bois mous: les conifères par apposition aux bois francs ou bois durs, les essences feuillues.

Moquerie:*

(n.f.) Dérision. Les gens étaient moqueux* (moqueur).

Mouvées:*

(n.f.) Bande d'animaux marins qui se meuvent dans le même sens. Banc de poissons: mouvée de harengs.

Noisse:*

(n.f.) Grosse bûche de bois franc (dur) ayant un noeud au milieu et qui ne pouvait être fendu.

Pagosse:*

(n.f.) Espèce de coton plus ou moins épais, a-cheté sur le marché, étoffe solide, robuste. Aujourd'hui, c'est du denim pour faire les jeans.

Paillasse:*

(n.f.) Sac de paille qu'on étend sur le lit.

Pain:*	(n.m.) Le pain de ménage: aliment fait de farine pétrie à la main, fermentée et cuite au four domestique.
Pâpâ:*	(n.m.) Mot familier pour père.
Paspéiâ:*	(n.p.) Paspébiac, village dans le comté de Bonaventure.
Passable:*	(adj.) Qui sans être vraiment bon, est d'une qualité suffisante.
Pepére:*	(n.m.) Ou pépére. Grand-père, grand-papa (terme enfantin).
Picasse:	(n.f.) Ancre grossière faite d'une pierre assujettie à un cadre de bois. On utilisait les picasses surtout pour immobiliser les filets de pêche.
Place:*	(n.f.) Le plancher de la cuisine.
Plaqué:*	(m.m.) Fond marin plat accessible à marée basse où certains mollusques ont leur habitat.
Plogue:*	(n.f.) On écrit tantôt PLOUGHE ou PLOYE. Il s'agit d'une crêpe à la farine de sarrasin, appelée aussi farine jaune ou farine de bocouitte (buckwheat, terme anglais), mais dont la préparation et l'aspect sont fort différents de la crêpe ordinaire. Contrairement à la crêpe encore, la plogue accompagne généralement le plat principal, comme les fayots* au lard, la viande fricassée ou la soupe aux pois. Les plogues sont une spécialité du Madawaska et on les trouve nulle part en Acadie. (Références: LE GUIDE DE LA CUISINE TRADITIONNELLE ACADIENNE de Marielle Bou-

321

dreau et de Melvin Galant, Éditions d'Acadie, Stanké, 1980, 223 p.

Plus vieille:*   (adj.) Plus âgée.

Pompe:*   (n.f.) Machine avec un bras que l'on actionne pour élever l'eau au-dessus de son niveau.

Pompe à bras:*   (n.f.) Pompe qui se manie avec le bras.

Pompette:*   (adj.)Fam. légèrement ivre (pop.).

Posséder:*   (v.t.) Posséder du bien, signifie vivre à l'aise. Posséder de l'argent et des propriétés.

Potée: (n.f.) Le contenu d'un pot. Ici, signifie en somme un gros chaudron de fer qui servait à cuire les légumes qu'on donnait à manger aux animaux, surtout aux vaches laitières. Ce chaudron servait aussi à fabriquer le savon domestique fait avec toutes les matières grasses non utilisables et auxquelles on ajoutait du potassium. Ce chaudron était suspendu sur un feu de bois à l'extérieur. On devait surveiller le feu et l'alimenter pour que la potée cuise et devienne à point. Ordinairement c'était la tâche des enfants ou des vieillards.

Promise:*   (n.f.) Fiancée.

P'tite bière:*   (n.f.) Bière d'épinette: boisson fabriquée avec des rameaux ou de l'écorce d'épinette ou aromatisée artificiellement (...) «la petite industrie de la bière d'Épinette, si connue dans le Québec, utilise cette espèce (l'Épinette noire); la technique de fabrication de cette boisson de ménage remonte au Régime français». (Frère Marie-Victorin, FLORE LAURENTIENNE, 1935)

P'tit caribou;*	(n.m.) Vin additionné de whisky.
Propre:*	(adj.) Linge bien arrangé qui servait exclusivement pour le dimanche (Gaspésie).
Pruche:*	(n.f.) D'après Bélisle: tsuga du Canada, arbre de la famille des obiétacées. D'après E. Boudreau: PRUUCE (prusse, prusque) n.m. C'est l'épicéa. (lat.: picea) des botanistes, l'ÉPINETTE des Québécois.
Quart:*	(n.m.) Baril
Racoin:*	(n.m.) Recoin. Coin caché, retiré.
Rôt:*	(n.m.) Viande rôtie.
Rave:*	(n.f) Oeufs de poisson.
Reel:*	(n.m.) Air écossais sur lequel on danse.
Reintier:	(n.m.) L'épine dorsale.
Remodelage:*	(v.t.) Donner une forme nouvelle et plus esthétique.
Renfermis:*	(n.m.) Cadre de bois que l'on ajuste sur un traîneau plat pour le voyage.
Repas:*	(n.m.) Nourriture prise en une fois à heures réglées: déjeuner, dîner et souper.
Rigodon:*	(n.m.) Ou rigaudon. Air à deux temps très animé; danse sur cet air.
Route:	(n.f.) Chemin perpendiculaire à ceux qu'on appelle communément les rangs et permettant de communiquer d'un rang à l'autre.

Rubbers:*	(n.m.) Anglais, chaussures en caoutchouc.
Salle à dîner:*	(n.f.) Salle à manger oû l'on prend les repas à certaines occasions ou fêtes.
Sans-dessein:*	(n.m.) Sans grande imagination, niais.
Saumoniers:*	(n.m.) Invité qui pêche le saumon sur le terrain d'un club.
Sauvagesses:*	(n.f.) Amérindiennes, Autochtones.
Se donner:*	(v.t.) Faire donation de tous ses biens.
Seillon:*	(n.m.) Sillon. Longue tranchée faite dans la terre par la charrue ou la bêche dans notre cas.
Shick-Shocks:*	(n.p.) Les Monts Chic-Chocs et les Monts Notre-Dame = les principales montagnes de la Gaspésie.
Siau:*	(n.m.) Seau.
Slab:*	(n.f.) Écorce épaisse d'un arbre.
Sleigh-plate*	(n.f.) Mot anglais. Traîneau léger entouré d'un solide «renfermis*» de planches et dans lequel on aménageait un fond de paille et des couvertures de catalogne.
Soigner:*	(v.t.) Prendre soin et nourrir les animaux. On disait également, soigner les enfants pour «garder les enfants».
Soupane:*	(n.f.) Bouilli de flocons d'avoine ou de farine de maïs; porridge (mot anglais) SOUPANE, mot d'origine algonquine.

Straw:*	(n.f.) Mot ang. pour paille.
Suitcase:*	(n.m.) Mot ang. pour valise à main. en Gaspésie, on employait également le mot «portemanteau» ou «satchel» (mot ang. cartable).
Swinger:*	(v.t.) De l'ang. swing. Faire pirouetter les partenaires à la danse.
Tambour:*	(n.m.) A l'entrée d'une habitation ou petit vestitibule comprenant plusieurs portes, destinées à garantir du froid et des courants d'air. Parfois en Gaspésie, petite construction s'appuyant contre un bâtiment.
Tangon:*	(n.m.) Gros cordage utilisé avec les filets de pêche.
Terre-en bois-de boutte:*	Terre non défrichée et remplie d'arbres.
Terriblement:*	(adv.) Très difficile.
Ties:*	(mot anglais) (n.m.) Les dormants, les travers: pièces fixes transversales qui soutiennent les rails.
Tirer:*	(v.t.) Traire. Ex: c'est l'heure de tirer les vaches.
Tomber raide mort:*	Expression qui signifie ici: s'adonner subitement dans le sommeil.
Torcher:*	(v.t.) Essuyer, nettoyer le visage. Peut aussi se dire pour laver le plancher grossièrement.
Tracel:*	(threstle) Structure en bois pour chemin de fer. Le viaduc ferroviaire que la population locale

appelle le «tracel» (en déformation de l'anglais «trestle», c'est-à-dire pont en chevalets) permet au au train de traverser certaines municipalités du Québec.

Traîneries:*   (n.f.) Objets laissés à la traîne.

Track:*   (n.f.) La voie ferrée.

Trail:*   (mot anglais) (n.f.) Piste, sentier, chemin. Ex.: se piquer une trail = se faire une piste, un sentier, un chemin en traversant les champs.

Trâlée:*   (n.f.) Troupe, bande: une trâlée d'enfants.

Travées:*   (n.f.) Bande noirâtre et plutôt étroite que donne l'aspect du hareng se déplaçant en groupe le long de la côte.

Troque:*   (n.m.) De l'anglais: truck. Voiture à quatre roues à traction animale, utilisée pour le transport des marchandises.

Vaisselle:*   (n.f.) Vaisselle du dimanche* tout ce qui sert à l'usage de la table, comme les plats, assiettes réservés dans le vaisselier, meuble rustique où la vaisselle est exposée à la vue et qui était réservée à la visite rare et aux invités de marque.

Varmine:*   (n.f.) Vermine: nom collectif désignant tous les insectes (poux, puces, etc.) parasites de l'humain et des animaux.

Veilleux:*   (n.m.) Qui va en veillée ou qui se couche tard.

Velvet: (n.m.) Mot angl., velours.

Vieux pays:*	(n.m.pl.) L'Europe, l'Asie et l'Afrique qu'on appelait aussi «le vieux monde».
Village:*	(n.m.) Dans une paroisse rurale, agglomération qui entoure l'église et sont établis les principaux commerces. Le rang social était, par préjugé, plus élevé au village que dans les rangs.
Violoneux:*	(n.m.) Violoniste de campagne.
Vigneau:*	(n.m.) Table en treillis sur laquelle les pêcheurs font sécher la morue.
Week-end:*	(n.m.) Mot ang. congé de fin de semaine.
Y'able:*	(n.m.) Le diable. Ça sentait mauvais.
Zire:*	(v.t.) Faire zire. C'est répugnant, c'est dégoûtant.

BIBLIOGRAPHIE

ARSENAULT, Bona, Histoire et Généalogie des Acadiens, *1- Histoire des Acadiens*, Éditions Leméac, 1978, 389 p.

ARSENAULT, Bona, *Histoire et généalogie des Acadiens (2)*, Port-Royal, Éditions Leméac, 1978, 825 p.

ARSENEAULT, Bona, *Histoire et généalogie des Acadiens (3)*, Beaubassin, Grand-Pré, Éditions Leméac, 1978, 1318 p.

ARSENAULT, Bona, *L'Acadie des Ancêtres*, avec la généalogie des premières familles acadiennes, le Conseil de la Vie française en Amérique, Université Laval, Québec, 1955, 397 p.

ARSENAULT, Bona, *Les régistres de Bonaventure*, 1791-1906, Éditions Marquis, 1981, 442 p.

ARSENAULT, Bona, *Les Régistres de Maria 1860-1960*, CHAU-TV, Télévision de la Baie-des-Chaleurs Inc., 1984, 405 p.

ARSENAULT, Urbain, *Patrimoine Gaspésien/Baie-des-Chaleurs*, Collection Connaissance, Éditions Leméac, 1976, 151 p.

AUDET, Noël, L'Ombre de l'Épervier, roman, Les Éditions Québec-Amérique, 1988, 542 pages.

BERGERON, Adrien s.s.s., *Le grand arrangement des Acadiens au Québec*, vol. I et II, Éditions Élysée, 1981, 318 p.

BOURDAGES, Pierre, *Racines Vivantes*, conception graphique : Groupe Services (Montmagny), photocomposition : Helvetigraf inc., 1987, 231 p.

BRUN, Régis, *De Grand-Pré à Kouchi BouGouac*, Éditions d'Acadie, 1982, 175 p.

COLLECTIF le Comité des Centenaires de Bonaventure, *Bonaventure 1760-1960*, Bicentenaire, arrivée des Acadiens - Érection de la paroisse.

CREVEL, Jacques et Maryvonne, *Honguedo*, Éditions Garneau, 1970, 221 p.

DUCLUZEAU, Jeanne, *Anne d'Acadie*, roman historique, Les Éditions d'Acadie Ltée, 1984, 260 p.

DUPONT, Jean-Claude, *Histoire populaire de l'Acadie*, Leméac, 1979, 440 p.

GLENISSON, Caroline Mantel, *Un tour de France canadien*, les Éditions la Presse Ltée, 1980, 361 p.

LANCTOT, Léopold, O.M.I., *L'Acadie des Origines* 1603-1771, Éditions du Fleuve, 1988, 234 p.

LAPIERRE, Jean-William et ROY, Muriel, *Les Acadiens*, Éditions «Que sais-je?», 1983, 128 p.

LEBLANC, Emery, *Les Acadiens*, Les Éditions de l'Homme, 1963, 127 p.

LEBLANC, Emery, *Les Entretiens du Village*, Éditions d'Acadie, 1979, 142 p.

LE BOUTHILLIER, Claude, *Le feu du mauvais temps*, Québec/Amérique, 1989, 447 p

LONGFELLOW, H.W., *Évangeline*, conte d'Acadie, Americain poet, Fev. 27 1807 – March 24 1882 (75 ans) Éditions de l'Alternative, Collection Acadie, traduction libre par Phamphile Lemay, 1988, 125 p.

MAILLET, Antonine, *Pélagie-la-Charette*, Éditions Leméac, 1979, 351 p.

PELLERIN, Jean, *Gens sans terre*, roman, Éditions Pierre Tisseyre, 1988, 517 p.

ROY, Michel, *L'Acadie des origines à nos jours*, essai de synthèse historique, Québec/Amérique, 1989, 340 p.

ROY, Michel, *L'Acadie perdue*, Éditions Québec/Amérique, 1989, 204 p.

RUMILLY, Robert, *L'Acadie française 1497-1713*, Éditions Fides, 1981, 254 p.

VERNEX, Jean-Claude, *Les Acadiens*, Éditions Entente, 1979, 192 p.

PREMIÈRE PARTIE

Volet 1

Annexe I

LOUDUN

TERRE ACADIENNE

C'est en 1587 au château des «Eaux Melles» (Roiffé) que naquit Isaac de Razilly, premier gouverneur de l'Acadie en 1632. Conseiller de Richelieu pour les choses de la mer et instigateur de sa politique coloniale, son action bien que brève fut déterminante pour le départ du véritable peuplement de l'Acadie.

En direction de Poitiers, continuant vers le sud nous pénétrons sur les terres de la Seigneurie de Charles de Menou d'Aulnay de Charnizay, véritable berceau de l'Acadie. Compagnon d'Isaac de Razilly, Menou d'Aulnay lui succéda dans la charge de gouverneur de l'Acadie à partir de 1642.

Comme souvenirs historiques, nous retrouvons surtout les églises de Martaizé, d'Aulnay, le cloître de Guesnes et principalement celle de la Chaussée avec son clocher de pierres où vinrent prier ceux qui partaient au-delà des mers.

Près de la petite église de la Chaussée se situe la «maison de l'Acadie», lieu de rencontre et musée retraçant l'histoire acadienne en loudunais.

Volet 2

Annexe II

Les origines du mot «Acadie» sont aussi incertaines que confuses. Deux anciennes cartes, celle de Gastaldi en 1548 et de Zaltieri en 1566, désignaient déjè le territoire actuel de la Nouvelle-Écosse sous le nom de LARCADIA.

Champlain, le fondateur de Québec et le «géographe du Roy» employa lui-même le mot ARCADIE, dès 1603, et ACCADIE en 1613.

Le bon Père Pacifique, de l'Ordre des Capucins, qui fut missionnaire pendant de longues années chez les indiens Micmacs de Ristigouche, dans le comté de Bonaventure en Gaspésie, expliquait que le nom ACADIE provenait du micmac ALGATIG, signifiant «campement». D'autres auteurs prétendront à leur tour que ce terme serait une déformation du mot malécite QUODDY; c'est-à-dire «lieux fertiles». Et ils citeront en exemple de nombreux noms de localités de la Nouvelle-Écosse et du Nouveau-Brunswick ayant la même terminaison: Passamaquoddy, Shubenacadie (lieux fertiles en pommes de terre), Tracadie, etc.

Volet 2

Annexe III

LES ORIGINES FRANÇAISES DES PREMIÈRES FAMILLES ACADIENNES EN 1671.

Ils venaient du POITOU (VIENNE).

La base de cette étude[1] sur les origines des premières familles acadiennes est l'abrégé des «Rôles des familles de l'Acadie» fait par le S. Randin, envoyé à Monseigneur Colbert de Québec, le 8 novembre 1671.

FAMILLES ESTABLIES A L'ACADIE

Laboureur	BABIN, Anthoine aagé de 45 ans, sa femme Marie mercié aagée de 26 ans. BAIOLET, Barbe veufve de deffunt Savinien de Courpon, aagée de 63 ans.
Laboureur	BELLIVEAU, Anthoine aagé de 50 ans, sa femme Andrée Guion, aagée de 56 ans.
Tonnelier	BELOU, Jacques aagé de 30 ans, sa femme Marie Girouard, aagée de 20 ans.
Charpentié	BERTRANT, Clement aagé de 50 ans, sa femme Huguette Lambelot aagée de 48 ans.

---

[1]Nicole T. Bujold et Maurice CAILLEBEAU, Les Origines françaises des premières familles acadiennes, LE SUD LOUDUNAIS, Imprimerie l'Union, Poitiers, 1979.

Laboureur	BLANCHARD, Jehan aagé de 60 ans, sa femme Radegonde Lambert aagée de 42 ans.
Laboureur	BOUR, Bernard aagé de 23 ans, sa femme Françoise Brun aagée de 19 ans.
Laboureur	BOUR, François aagé de 28 ans, sa femme Marguerite Boudrot aagée de 23 ans.
Laboureur	BOUR, Jean aagé de 30 ans, sa femme Marguerite Martin aagée de 20 ans.
Laboureur	BOURG, Anthoine aagé de 62 ans, sa femme Anthoinette Landry aagée de 53 ans.
Laboureur	BOURGEOIS, Charles aagé de 25 ans, sa femme Anne du Gast, aagée de 17 ans.
Chirurgien	BOURGEOIX, Jacob aagé de 50 ans, sa femme Jeanne Trahan aagée de 40 ans.
Laboureur	BROUDROT, Michel aagé de 71 ans, sa femme Michelle Aucoin aagée de 53 ans.
Laboureur	BROT, Vincent aagé de 40 ans, sa femme Maire Bourc aagée de 26 ans.
Laboureur	BRUN, Vincent aagé de 60 ans, sa femme Renée Brode aagée de 55 ans.
Laboureur	COMMEAUX, Estienne aagé de 21 ans, sa femme Marie-Anne Lefevre aagée de 21 ans.
Tonnelier	COMMEAUX, Pierre aagé de 75 ans, sa femme Rose Bayou aagée de 40 ans.

Charpentié	CORMIER, Thomas aagé de 35 ans, sa femme Madelaine Girouard aagée de 17 ans.
Laboureur	CORPORON, Jehan aagé de 25 ans, sa femme Françoise Scavois aagée de 18 ans.
Laboureur	DAIGRE, Olivier aagé de 28 ans, sa femme Marie Gaudet aagée de 20 ans.
Laboureur	DE FOREST, Michel aagé de 30 ans, sa femme Maire Hébert aagée de 20 ans.
Armurier	DUGAST, Habraham aagé de 55 ans, sa femme Marie Judith (sic pour Marguerite) Doucet aagée de 46 ans.
Laboureur	DOUCET, Germain aagé de 30 ans, sa femme Marie Landry aagée de 24 ans.
Maçon	DOUCET, Pierre aagé de 50 ans, sa femme Henriette Peltrit aagée de 31 ans.
Laboureur	DU PONT (DUPUIS), Michel aagé de 37 ans, sa femme Marie Gautrot aagée de 34 ans.
Laboureur	GAUDET, Denis aagé de 46 ans, sa femme Martine Gautier aagée de 52 ans.
Laboureur	GAUDET, Jehan aagé de 96 ans, sa femme Nicole Colleson aagée de 64 ans.
	GAUDET, Marie veufve de Estienne Hebert aagée de 38 ans.

Laboureur	GAUTROT, François aagé de 58 ans, sa femme Edmée Le Jeune aagée de 47 ans.
Laboureur	GIROUARD, aagé de 50 ans, sa femme Jeanne Aucoin aagée de 40 ans.
Laboureur	GIROUARD, Jacob aagé de 23 ans, sa femme Marguerite Gautrot aagée de 17 ans.
Laboureur	GOUGEON, Anthoine aagé de 45 ans, sa femme Jeanne Chebrat aagée de 45 ans.
Matelot	GRANGE, Laurent aagé de 34 ans, sa femme Marie Landry aagée de 24 ans.
	GUERIN, la veufve de François aagée de 26 ans.
Laboureur	GUILBAULT, aagé de 32 ans, sa femme Catherine Terriau aagée de 20 ans.
Tonnelier	HEBERT, Anthoine aagé de 50 ans, sa femme Geneviève Lefrand aagée de 58 ans.
Laboureur	KRIESSY (KUESSY), Roger aagé de 25 ans, sa femme Marie Poirier aagée de 22 ans.
Laboureur	LABATTE, Jehan aagé de 33 ans, sa femme Renée Gautrot aagée de 19 ans.
	LANDRY, Perrine aagée de 60 ans. Veufve du défunt Jacques Joffriau.
Laboureur	LANDRY, René aagé de 53 ans, sa femme Perrine Bourc aagée de 45 ans.

Tonnelier	LANQUE, Pierre ma fait response lorsque que je luy ay demandé son aagé quil se portait bien et quil ne Le voulait pas donner.
Laboureur	LEBLANC, Daniel aagé de 45 ans, sa femme Françoise Gaudet aagée de 48 ans.
Laboureur	MARTIN Barnabé aagé de 35 ans, sa femme Jeanne Pelletret aagée de 27 ans.
Laboureur	MARTIN, Pierre aagé de 70 ans, sa femme Catherine Vigneau aagée de 68 ans.
Texier	MARTIN, Mathieu garson demeurant en son particulier aagé de 35 ans.
Laboureur	MARTIN, Pierre, Le Jeune aagé de 40 ans, sa femme Anne Ouestnorouest aagée de 22 ans.
Laboureur	MELANSON, Charle aagé de 28 ans, sa femme Marie Dugast aagée de 23 ans.
Tailleur	MELANSON, Pierre a réfusé de donner son aage et le nombre de ses bestiaux et terres et sa femme ma respondu si jestoisi fous de courir les Rues pour des choses de mesme.
Laboureur	VINCENT, Pierre aagé de 40 ans, sa femme Anne Gaudet aagée de 24 ans.

Votre plus obligé serviteur.
Laurent Molins religieuz Cordelier

Volet 2

Annexe IV

Mais voici un «événement Babin»[1] qui nous transporte aux années mêmes du Grand Dérangement. Il s'agit, bien sûr, de cette Marie Babin dont, dans la revue du B.R.H. de 1901, sous la plume de l'abbé J.B.C. Dupuis, on disait que jusqu'en 1862 elle avait été la dernière survivante des déportés de 1755. Sa pierre tombale, en l'Isle Surette, l'a rappelée depuis à tous les passants. Nombreux certes depuis toujours! En voici le libellé; il est impressionnant!

CI-Gît
MARIE BABIN
Épouse de
Chs. B. Surette
Décédée
30 Déc. 1862
Âgée de 110 ans
Dernière survivante
des Déportés de
1755

(Photo prise en l'Isle Surette, comté de Yarmouth, N.E. par Madame Jacqueline d'Eon-Dégrâce. 1990-9-9.)

N.B.   Marie Babin serait née en 1752 et n'était âgée que de 3 ans lors de la Déportation de 1755.

---

[1]Adrien Bergeron, s.s.s., Le Grand Dérangement des Acadiens au Québec. p.144.

Volet 3

Annexe V

COMBAT NAVAL À RISTIGOUCHE[1]

Ainsi, rappelons en premier lieu que c'est au mois de mai 1760 que les vaisseaux français, commandés par Dangeac et La Giraudais, Assaillis par une flotte anglaise, supérieure en nombre, dans le golfe du Saint-Laurent, furent forcés de se diriger vers le fond de la baie des Chaleurs, à Ristigouche. Or, il est significatif que les noms de plusieurs membres des premières familles acadiennes, établies à Bonaventure, apparaissent dans les registres de Sainte-Anne-de-Ristigouche pour l'année 1759 et le début de l'année 1760 et que, par contre, aucun de ces noms ne puisse être signalé dans ces mêmes registres, après le 12 mai 1760. Pourtant le père Étienne, curé de Ristigouche à l'époque, demeura dans l'exercice de ses fonctions jusqu'au mois d'août 1760, alors que son compagnon, le père Ambroise, consigna des actes aux registres de Ristigouche jusqu'au 21 décembre 1761.

---

[1] Bona Arsenault, Histoire des Acadiens, Leméac, 1978, p.259.

Volet 4

Annexe VI

LES ACADIENS SE PARTAGENT LES TERRAINS DE BONAVENTURE EN LOTS[1]

A ce document est attaché un mémoire citant «le nombre d'arpents de front que chacun des signataires occupe depuis 1762 ainsi que le nombre d'arpents en culture et en défrichement», comme suit:

Du côté ouest de la rivière Bonaventure, comprenant le village actuel, les signataires de la requête de 1789 étaient: Joseph Arsenault, capitaine de milice; Grégoire Arsenault; Jean Arsenault, l'aîné; Jean Bernard et Isaac Bernard; Joseph Bourg (Bourque); Joseph Gauthier et Jean-Baptiste Lavache (dans ce dernier cas, il s'agit d'un lot acquis après 1762 puisque Jean-Baptiste Lavache né en 1747, à Caraquet, n'avait que 15 ans en 1762).

Du côté est de la rivière Bonaventure: Ambroise Babin, Thomas Babin, Charles Bujold, l'aîné, Charles Bujold, fils (né en 1765, le fils de Paul Bujold), veuve Esther LeBlanc (il s'agit d'un lot acquis par son défunt mari, Raymond Bourdages, après son arrivée à Bonaventure vers 1772). Charles Poirier (dit Commis), Pierre Poirier (dit Parrot), Pierre Poirier (dit Chiche), François Richard et Jean-Baptiste Richard, qui quittèrent tous deux Bonaventure vers 1790, pour aller s'installer au Nouveau-Brunswick.

---

[1]Bicentenaire de Bonaventure, 1760-1960, p.41.

RESCENSEMENT[5] DE 1765

Le premier recensement, effectué en 1765, signale à Bonaventure La présence des personnes suivantes[107]: Benjamin Alain; Joseph Arsenault; Jean Arsenault; Ambroise Babin; Joseph Bernard; Joseph Boudreau, père; Joseph Bourque; Louis Prideau; Pierre Brasseaux (Lebrasseur); François Brasseux; Mathieu Brasseux; Amand Bujold; Amand Bujold, fils; Charles Bujold; Paul Bujold; Placide Bujold; Joannis Chapados; Ambroise Commeau; Jean Cronier; Louis Denys; Charles Dugas; J.–M. Duguay; François Duguay; François Huard; Jacques Huard; Pierre Langlois; François Laroque; Charles Laroque; Georges Laroque; Joseph LeBlanc, père; Joseph LeBlanc; Benjamin LeBlanc; Olivier Léger; Pierre Poirier; Léon Roussy[108] et quatre étrangers: Will, Mitchell, représentant d'Alexander MacKenzie; Robert Quillin, représentant de Moore & Finlay; William Van Felson et Jos. Bootman.

Lors de ce recensement de 1765, il se trouvait à Bonaventure: 40 maisons; 32 hommes; 20 femmes; 39 enfants mâles, au–dessus de 15 ans; 58 enfants mâles, au–dessous de 15 ans; 9 filles; 6 domestiques femelles; 4 étrangers; 5 boeufs; 17 vaches; 17 taurailles; 1 mouton et 7 chevaux. Aucun Acadien ne possédait de chevaux. Moore & Finlay en possédaient 2; Georges Laroque, 2; Léon Roussy, Louis Denys et Joannis Chapados, pêcheurs français, possédaient chacun un cheval.

---

[5]Bona Arsenault, HISTOIRE DES ACADIENS, Leméac, 1978, pp. 256, 264, 265.

RESCENCEMENT DE 1774

Le deuxième recensement effectué à Bonaventure date de 1774. A l'aide de divers documents, dont les registres paroissiaux de l'Acadie et ceux de la paroisse de Bonaventure, il nous a été possible d'identifier positivement les chefs de famille et d'y ajouter les noms de leurs épouses, comme suit: *Joseph Arsenault*, dit Cointine, capitaine de milice, né à Beaubassin, en 1733, fils de Charles et de Françoise Mirande, marié à Marguerite Bujold; *Jean Arsenault*, son frère, né en 1735, marié à Élizabeth Bujold; *Ambroise Babin*, né à Grand–Pré en 1731, fils de Pierre et de Madeleine Bourg; *Joseph Bourque*, né à Beaubassin, en 1733, fils de François et de Marguertie LeBlanc, marié à Catherine Comeau; *Paul Bujold*, né vers 1726, à Pisiguit, fils de Joseph et de Marie–Josephe Landry, marié à Marie Poirier; *Charles Bujold*, frère de Paul, né en 1731, marié à Marguerite Cormier; *Placide Bujold*, frère de Charles et de Paul, marié à Marie–Josephe Bernard; *Amand Bujold*, né en 1731, veuf ayant un garçon et deux filles en bas âge, fils de Louis–Amand et de Claire Doucet de Grand–Pré; *Gilles Cayouette*, né vers 1726, fils d'Henri et de Marie Emery (Henry) de Saint–Louis de Brest, en France, marié à Québec, en 1750, à Marie–Anne Méthot; *Charles Cyr*, marié à Geneviève Langlois; *Madame d'Egoufle* (Louise Beaudeau), *native de l'endroit*; *Aubin d'Egoufle, natif de l'endroit*, marié à Madeleine–Barbe Dupuis; *Jean– Marie Duguay, natif de l'endroit*, marié à Marie–Anne Olivier; *François Duguay, natif de l'endroit*, marié à Madeleine Chapados; *Louis Gagnier* (le nom de l'épouse est illisible); *Joseph Gauthier*, fils de Joseph–Nicolas et de Marie Alain, de Port–Royal, marié à Théotiste Landry; *Veuve François Huard*, née Geneviève Duguay; *Charles Poirier*, dit Commis, né à Beaubassin, en 1741, fils de Pierre et de Marguerite Arsenault, marié à Claire Bujold: son frère, *Pierre Poirier*, dit Parrot, né à Beaubassin, en 1743, marié à Anne Gaudet;

Pierre Poirier, dit Chiche, né à Beaubassin en 1744, fils de Pierre et Marguerite Bourg; *François Richard*, marié à Marie Daigle; *Jean–Baptiste Richard*, marié à Rosalie Gaudet; *W. Smith*, anglais; *W. Van Felson*, hollandais; *Welch*, irlandais.

Le total de ce recensement de 1774 est donné comme suit: 26 familles, 48 adultes, 31 garçons, 51 filles, 28 étrangers, (soit 130 hommes, femmes et enfants, sans compter les 28 étrangers), 71 bestiaux, 7 moutons.

RESCENSEMENT DE 1777

Le troisième recensement effectué à Bonaventure, en date du 18 août 1777, signale les personnes suivantes: Joseph Arsenault, marié à Marguerite Bujold; Jean Arsenault, marié à Élizabeth Bujold; Ambroise Babin, marié à Anne Cyr; Joseph Bernard, marié à Marguerite Arsenault; Louis Bernard, marié à Louise LeGouffe; Joseph Bourque, marié à Catherine Comeau; Veuve Marie–Josephe Landry (la mère de Paul, Charles et Placide Bujold); Paul Bujold, marié à Marie Poirier; Charles Bujold, marié à Marguerite Cormier; Placide Bujold, marié à Marie–Josephe Bernard; Alexis Cormier, marié à Élizabeth Gauthier; Pierre Cotter; François Duguay, marié à Madeleine Chapados; Joseph Gauthier, marié à Théotiste Landry; Simon Henry, marié à Marguerite–Josephe Brault; Michel Lepage, marié à Rose Arsenault; Charles Poirier, marié à Claire Bujold; Pierre Poirier, dit Parrot, marié à Anne Gaudet; Pierre Poirier, marié à Marguerite Bourg; François Richard, marié à Marie Daigle; Jean–Baptiste Richard, marié à Rosalie Gaudet; Pierre Robichaud, marié à Anne Michel, Isidore Robichaud, marié à Marguerite Boudreau; Jean–Baptiste Robichaud, marié à Félicité Cyr; Michel Robichaud, marié à Françoise Landry; Charles Robichaud; Joseph Robichaud; Pierre Thériault, marié à Jeanne LeBlond.

D'après ce recensement de 1777, il y avait à Bonaventure: 24 familles, dont 52 adultes, 45 garçons, 50 filles, soit un total de 138 personnes. Animaux: 2 chevaux, 20 boeufs, 40 vaches, 12 veaux, 40 moutons. Vaisseaux: 2 goélettes (sans doute celles de Joseph Gauthier et de Raymond Bourdages), 16 chaloupes, 12 petites embarcations.

Volet 4

Annexe VII

AMBROISE BABIN[1] S'ÉTABLIT DU CÔTÉ EST DE LA RIVIÈRE BONAVENTURE.

A ce document est attaché un mémoire citant «le nombre d'arpents de front que chacun des signataires occupe depuis 1762 ainsi que le nombre d'arpents en culture et en défrichement», comme suit:

Du côté ouest de la rivière Bonaventure, comprenant le village actuel, les signataires de la requête de 1789 étaient: Joseph Arsenault, capitaine de milice; Grégoire Arsenault; Jean Arseneault, l'aîné; Jean Bernard et Isaac Bernard; Joseph Bourg (Bourque); Joseph Gauthier et Jean–Baptiste Lavache (dans ce dernier cas, il s'agit d'un lot acquis après 1762 puisque Jean–Baptiste Lavache né en 1747, à Caraquet, n'avait que 15 ans en 1762).

Du côté est de la rivière Bonaventure: Ambroise Babin, Thomas Babin, Charles Bujold, l'aîné, Charles Bujold, fils (né en 1765, le fils de Paul Bujold), veuve Esther LeBlanc (il s'agit d'un lot acquis par son défunt mari, Raymond Bourdages, après son arrivée à Bonaven-

---

[1]Voir Bicentenaire, 1760–1960, partie historique Bona Arsenault, p.41.

ture vers 1772). Charles Poirier (dit Commis), Pierre Poirier (dit Parrot), Pierre Poirier (dit Chiche), François Richard et Jean-Baptiste Richard, qui quittèrent tous deux Bonaventure vers 1790, pour aller s'installer au Nouveau-Brunswick.

Ambroise Babin
(marié à Anne Cyr)

AMBROISE BABIN est né en 1731, à Grand-Pré, du mariage de Pierre Babin et de Madeleine Bourg. Marié vers 1758 à Anne Cyr, il est décédé à Bonaventure en 1797. Sa veuve, Anne Cyr, est décédée en 1809, à l'âge de 75 ans.

Le père d'Ambroise Babin, Pierre Babin marié à Madeleine Bourg, était le fils de Charles Babin et de Madeleine Richard et le petit-fils d'Antoine Babin, arrivé de France en Acadie vers 1654.

Charles Babin, le grand-père d'Ambroise, était né à Port-Royal en 1664 (voir L'Acadie des Ancêtres, page 71) mais en 1693 il était installé à Grand-Pré, ainsi que son frère Vincent Babin. Charles Babin eût six fils: René, Pierre, le père d'Ambroise, Claude, Jean, Joseph, Charles et trois filles: Anne, Marguerite et Marie. Trois des fils de Charles, René, Pierre et Claude, s'établirent à Beaubassin vers 1740.

Ambroise Babin, fils de Pierre, était âgé de 24 ans lors de la dispersion des Acadiens de 1755. Il a vraisemblablement épousé Anne Cyr à Ristigouche, ou au cours de son trajet entre Beaubassin et Ristigouche en compagnie des autres réfugiés acadiens.

Il s'est établi à Bonaventure en 1760. Son nom apparait sur la requête de 1789, ainsi que celui de son fils Thomas, attestant qu'il occupait un lot à Bonaventure-Est, dès 1762.

Les descendants d'Ambroise Babin
et d'Anne Cyr, jusqu'en 1860

MARIE-LUTINE, née vers 1762, mariée à Jean Bernard, en 1780.

THOMAS, né vers 1763; marié en 1788 à Marie Richard, fille de Jean-Baptiste Richard et de Rose Gaudet. Il ne semble pas avoir laissé de descendants à Bonaventure.

ANGÉLIQUE, née vers 1764 mariée à Charlemagne Arbour, vers 1788.

JOSEPH, né vers 1767; marié en 1788, à Angélique Poirier, fille de Charles Poirier et de Marie-Claire Bujold. Angélique Poirier est décédée en 1813 à l'âge de 44 ans et Joseph Babin est décédé en 1842.

Enfants de Joseph Babin et d'Angélique Poirier:

Joseph, né en 1790; marié en 1815, en première noce, à Marie Gauthier, fille de Joseph Gauthier et de Théotiste Landry. Marie Gauthier étant décédée en 1828 à l'âge de 30 ans, Joseph Babin épousa en seconde noce, Marthe Gabrielle Hébert, en 1830. Il ne semble pas avoir eu d'enfants de sa deuxième femme. Enfants de Joseph Babin et de Marie Gauthier: André, né en 1815 et marié en 1844, à Marcelline Babin, fille d'Amant Babin et de Julie Bourdages; Marie-Rose, née en 1821; Angélique, née en 1823; Marie-Nabée, née en 1825; Fabien-Lévi, né en 1827 et marié en 1850 à Angélique Henry, fille de Joseph Henry et de Théotiste LeBlanc.

Charlemagne, né en 1792; marié en 1818 à Anastasie Bourdages, fille de Benjamin Bourdages et de Marie–Esther
Bujold. Enfants: Charles, né en 1821; Marie–Agnès,
née en 1823; Marie–Élisa, née en 1824.

Marie–Claire, née en 1794.

Pierre, né en 1796; marie en 1824 à Appoline Poirier, fille de
Fabien Poirier et d'Angélique Gauthier. Il s'établit à
Rivière Caplan vers 1840. Enfants: Pierre, né en 1825
et marié en 1852, à Angèle Arsenault, fille de Nicolas
Arsenault et de Léa Arbour; Salomon, né en 1827 et
marié en 1854, à Geneviève Cayouette, fille de Joseph
Cayouette et de Lucie Bernard; Fabien, né en 1829;
marié en 1856 à Monique Bourdages, fille de Ray-
mond Bourdages et d'Élisabeth Babin; Honoré, né en
1832; Gilbert, né en 1835; Alexandre, né en 1837;
Pierre, né en 1840; Marie–Angélique, née en 1841;
Marie–Dina, née en 1844; Joseph, né en 1847.

Ambroise, né en 1798; marié vers 1823 à Marie–Solange
Chouinard. Enfants: Angélique, née en 1825; Charles,
né en 1827; Zoé, née en 1829.
Angélique, née en 1802, mariée en 1830 à Pierre
Paquet.

Alexandre, né en 1805; marié en 1833 à Virginie Gauthier,
fille de Joseph Gauthier et d'Élisabeth Poirier. Enfants:
Charles–Adolphe, né en 1834 et marié en 1858 à
Marguerite Babin, fille d'Hyppolite Babin et de Marthe
Couture; Guillaume, né en 1837; Polycarpe, né en
1839; Marie–Anne, née en 1842; Joseph, né en 1845;

Volet 4

Annexe VIII

LES PIONNIERS DE 1769

Une étude comparative des noms des signataires de la requête de 1789, conservée aux archives de Québec, ainsi que des registres paroissiaux de Ristigouche, Carleton, Bonaventure, Beaubassin, en Acadie, de même que des derniers recensements faits en Acadie avant la dispersion nous permet d'affirmer positivement que les premiers réfugiés acadiens établis à Bonaventure en 1760 étaient: Joseph Arsenault, capitaine de milice et son frère Jean Arsenault, l'aîné (son fils né en 1761 s'appelait aussi Jean); Ambroise Babin (le père de Thomas Babin); Joseph Bernard (le père de Jean et d'Isaac Bernard); Joseph Bourque; Charles Bujold, l'aîné, et ses deux frères, François Placide Bujold et Paul Bujold; Michel Caissy (Quessy); Joseph Gauthier, dit l'aîné (car son fils né en 1748 s'appelait aussi Joseph); Simon Henry; Pierre Poirier, le père de Charles Poirier dit Commis et de Pierre Poirier, dit Parrot et enfin Pierre Poirier dit Chiche, qui n'avait que 16 ans en 1760 et qui était le cousin de Pierre Poirier dit Parrot. Dans la partie de notre travail traitant des généalogies des premières familles de Bonaventure et de leurs descendants jusqu'en 1860, nous entrons dans plus de détails concernant les familles des pionniers de 1760. Nous tenons quand même à les identifier immédiatement et à vous transmettre l'essentiel de ce que nous savons d'eux.

JOSEPH ARSENAULT, capitaine de milice et JEAN ARSENAULT l'aîné, étaient deux frères, nés du mariage de Charles Arsenault et de Françoise Mirande, de Beaubassin. JOSEPH né à Beaubassin en 1733 a épousé Marguerite Bujold, à Ristigouche, en 1759. Ils étaient tous deux au nombre des Acadiens réfugiés à Ristigouche en 1758. JOSEPH ARSENAULT, par son fils Grégoire, marié à Théotiste Bourque et JEAN ARSENAULT, l'aîné, par son fils Jean, marié à Anne–Blanche Robichaud, sont les ancêtres de tous les Arsenault de la paroisse de Bonaventure et de la région.

AMBROISE BABIN, né à Grand–Pré en 1731 du mariage de Pierre Babin et de Madeleine Bourg, s'est installé à Beaubassin vers 1740. Vers 1758 il épousa Anne Sire (Cyr). Son fils Thomas, né vers 1763 et marié en 1788 à Marie Richard, ne semble pas avoir eu de descendants à Bonaventure. Ses fils Joseph, marié à Angélique Poirier; Amant, marié à Ursule Poirier et Pierre, marié à Marie–Jules Cormier, sont les ancêtres de tous les Babin de Bonaventure et de la région.

Volet 4

Annexe IX

LA PÊCHE AU HARENG[1]

Chaque famille ou presque possédait son «flat» et quatre ou cinq rets. Ces filets, habituellement d'une longueur de dix-huit brasses et d'une profondeur de trois brasses étaient tendus à plusieurs arpents de la grève, suivant une technique expérimentée (fig. 56). Chaque bout supérieur était attaché au fond à une solide «picasse» (fig. 57) au moyen d'un «tangon» et retenu à la surface par une grosse «boueille» de cèdre peinte de façon à ce que le propriétaire puisse l'identifier facilement parmi toutes les autres. Entre les deux «boueilles», le bord supérieur était échelonné de petites flottes de bois alors que le bord inférieur l'était de cailloux.

Ces quantités fabuleuses de poissons[2] servaient à différents usages. On en salait quelques «quarts» et on en faisait fumer dans une «boucanerie» pour les besoins de la famille. Mais la grande partie de la pêche était accumulée en tas dans les champs afin d'engraisser le sol. On le laissait d'abord de décomposer et on l'«éparrait» ensuite dans la «prée» ou dans les «seillons» de patates et de navets.

En septembre et octobre plusieurs habitants retournaient pêcher le hareng plus gros qu'au printemps, mais cette fois c'était en vue uniquement des provisions d'hiver.

---

[1]Urbain Arsenault, PATRIMOINE GASPÉSIEN/BAIE DES CHALEURS, pp.99-101.

[2]Urbain Arsenault, op.cit. pp.101-102.

Volet 4

Annexe X

LA PAROISSE DE ST-BONAVENTURE À BONAVENTURE[1]

Ce nom rappelle le souvenir de Simon–Pierre Denys de Bonaventure (1654–1711), mieux connu sous les noms de Denys de Bonaventure et de Monsieur de Bonaventure. Fils de Simon Denys, sieur
de la Trinité, il était le neveu de Nicolas Denys, légendaire figure de
l'ancienne Acadie.

Simon–Pierre Denys de Bonaventure partagea la gloire de
Pierre LeMoyne d'Iberville (1661-1706), dont il fut le principal
compagnon de lutte contre les Anglais, à la baie d'Hudson, en 1690;
sur les côtes d'Acadie, à Terreneuve et en Nouvelle–Angleterre, en
1696, alors qu'en cette même année, tous deux s'emparèrent du fort
Pemaquid, sur les côtes du Maine.

L'année suivante, soit le 23 avril 1697, Le comte de Frontenac,
alors gouverneur du Canada, accorda au sieur de la Croix, la
«seigneurie de la rivière Bonaventure avec deux lieues de front,
savoir: une demi lieue d'un côté de la dite rivière, au sud–ouest, vers
Kiscabériac (Cascapédia) et une lieue et demie de l'autre, au nord–est,
tirant vers Paspébiac, sur quatre lieues de profondeur, avec isles, islets
et battures qui se trouveront dans la dite étendue, le tout situé dans le
fond de la baie des Chaleurs. (Voir: *Description topographique du
Bas–Canada*, publié en 1815 par l'arpenteur Joseph Bouchette et
Dictionnaire topographique du Bas–Canada, version anglaise, publié

---

[1]Adrien Bergeron, s.s.s., Le Grand dérangement des Acadiens au
Québec, p.144.

par le même auteur, en 1831). La Couronne reprit possession de cette seigneurie, en 1785, les censitaires originaux ne s'y étant jamais intéressé. Dans ses écrits, l'arpenteur Bouchette signale que l'embouchure de la rivière Bonaventure formait à l'époque *un excellent havre pour vaisseaux de n'importe quel tonnage.*

Bonaventure porte donc officiellement son nom depuis 1697.

AU RANG DES «MARGOTS»

Sur les hauteurs de la paroisse de Bonaventure, à trois milles au nord du village, il existe un magnifique rang double, communément appelé «les Concessions». Mais il porte encore bien d'autres noms, qui lui viennent des aventures de ses habitants ou de la petite histoire...

Ainsi le visiteur étranger l'appellera «Thivierge», s'il se fie au nom inscrit sur le bureau des postes, en l'honneur de feu le chanoine Thivierge, ancien curé de la paroisse, qui y dirigea les premiers colons vers la fin du siècle dernier.

Le rang possède aussi son «nom du dimanche», dont on l'affuble aussitôt qu'il s'agit de la visite paroissiale annoncée par Monsieur le curé ou d'une tournée d'inspection de Monsieur l'Inspecteur d'écoles. Il devient alors le rang St-Omer.

Les anciens étaient plus malicieux. Ou peut-être avaient-ils plus que nous le sens poétique. Pour eux, c'était le rang «des Margots», du nom, —— dit-on, —— d'un oiseau vorace qui, ayant son nid dans les profondeurs des bois, se rendait au bord de la mer lorsqu'il était tiraillé par la faim pour y quérir sa proie. Aujourd'hui, si l'on dit de quelqu'un qu'il est un «margot», il prend la chose en riant. Mais il n'en était pas toujours ainsi autrefois. Et même de nos jours, chez les gens polis, l'on ne dit pas «Margot» à une personne originaire de Thivierge.

Donc, les noms de «Concessions», Thivierge, rang St-Omer ou rang des Margots désignent exactement le même endroit sur la carte de la paroisse de Bonaventure. C'est précisément l'endroit où Bona Arsenault, député fédéral de Bonaventure, vit le jour, le 4 octobre 1903.

Annexe XII

RECETTE D'UNE CAMBUSE

Dans notre région, la morue fraîche donnait souvent lieu à une préparation de «cambuse» vraiment appréciée par tout le monde. Nous livrons ici la recette d'une «cambuse» que Madame Jean Caissy utilise depuis de longues années dans son grande chaudron de fer et sait faire encore à l'occasion:

——— un rang de patates non pelées,
——— un rang de morue,
——— un rang de têtes séparées en deux,
——— un rang de foie,
——— deux oignons,
——— du sel, du poivre (pas d'eau).

Elle fait cuire lentement sur un petit feu. Quand les foies ont bouilli environ quinze minutes, elle les coupe en petits morceaux et laisse ensuite bouillir une heure et demie. Plus la cuisson est lente, plus la saveur est riche. Peut-être faut-il être Gaspésien de la Baie-des-Chaleurs pour déguster ce délice; pour eux du moins, il se compare aux «bouillabaises» savoureuses de certains restaurants modernes de Percé.

Épilogue

Annexe XIII

LA MAISON DE L'ACADIE

«LA MAISON DE L'ACADIE» vous invite à découvrir l'histoire des familles du Loudunais parties au XVIIe siècle, guidées par Isaac de Razilly, Menou d'Aulnay, et Martin Le Godelier, pour fonder une colonie agricole en la Nouvelle France.

Sans être tout à fait un Musée, elle est plutôt un lieu de «retrouvailles» entre deux pays dont les habitants restent encore, malgré les siècles, les membres d'une même famille, puisqu'ils portent les mêmes noms patronymiques.

LA SALLE DES TRADITIONS POPULAIRES retrace à travers des objets usuels et documents–photos les liens entre le Poitou d'autrefois et l'Acadie du milieu rural dans la vie de tous les jours. Vous pourrez y admirer les meubles de style poitevin, les coiffes anciennes, la cheminée d'époque XVIIe intacte et la plaque de cheminée reproduisant les armes de la Famille de Razailly (les donateurs) et également le Costume féminin acadien, offert par le Musée Historique Acadien de Caraquet.

La Salle de Lecture «Geneviève Massignon» accueille les visiteurs intéressés par des documents à compulser sur place ou par des recherches généalogiques personnelles. Le nom de Geneviève Massignon a été donné à cette Bibliothèque pour honorer la mémoire de cette grande ethnologue trop tôt disparue, et grande amie des Acadiens.

Au premier étage, enfin, se trouve la Salle de Réunion appelée «Evangéline» qui est utilisée pour les réceptions de groupe et les projections de films.

Des documents de généalogie figurent accrochés aux murs; en particulier apparaissent les noms de certains futurs Acadiens, qui signent comme parrains ou marraines, tels que: Menou d'Aulnay, Martin Le Godelier, Françoise Gaudet, Martine Gauthier, René Landry...

1908 – 1993

Mon adieu à Jim

"Il était

Plus que mon mari

Il était moi

Nous ne faisions qu'un"

"Ceux qui vont m'aider à vivre":

Mes enfants

Odette et Jacques

Diane et Roland

Paul

Sylvie et Daniel

Mes petits-enfants;

Annie

Catherine

Erick

Stéphane

Anne-Marie

Et

Sara, née le 1er mai 1993.

Quand tu disais Bernadette
Je sursautais car je pensais
Que tu m'avais remplacée dans ton coeur
Ton épouse aimante que tu appelais Berno

REMERCIEMENTS

La réalisation de cette chronique familiale n'aurait pas été rendue possible sans la confiance que plusieurs personnes m'ont témoignée tout au long de cette recherche. Je veux aussi exprimer toute ma gratitude à mon amie, Jacqueline Hogue dont l'étroite collaboration m'a été précieuse. Je remercie également tous ceux et celles qui ont participé à la production du volume: André Ber, Renée Thivierge, Réal-Gabriel Bujold, Mireille Turcotte, Odette Bujold-Beaulne, Jacques Beaulne, Delphis Babin et Luc Babin.